经典百年海战大观

"沙恩霍斯特"号覆灭记

田树珍／编著

民主与建设出版社

·北京·

图书在版编目（CIP）数据

"沙恩霍斯特"号覆灭记 / 田树珍编著 . -- 北京：民主与建设出版社，2019.7

（经典百年海战大观）

ISBN 978-7-5139-2559-4

Ⅰ.①沙… Ⅱ.①田… Ⅲ.①第二次世界大战战役—海战—史料②战列舰—史料—德国—1943 Ⅳ.①E195.2②E925.61

中国版本图书馆 CIP 数据核字（2019）第 143245 号

"沙恩霍斯特"号覆灭记
"SHAENHUOSITE" HAO FUMIE JI

出 版 人	李声笑	
编 著	田树珍	
责任编辑	王 颂	
封面设计	亿德隆文化	
出版发行	民主与建设出版社有限责任公司	
电 话	（010）59417747 59419778	
社 址	北京市海淀区西三环中路 10 号望海楼 E 座 7 层	
邮 编	100142	
印 刷	三河市天润建兴印务有限公司	
版 次	2020 年 5 月第 1 版	
印 次	2022 年 6 月第 2 次印刷	
开 本	710 毫米 × 1000 毫米 1/16	
印 张	15	
字 数	180 千字	
书 号	ISBN 978-7-5139-2559-4	
定 价	49.80 元	

注：如有印、装质量问题，请与出版社联系。

大海战 100 年

美国杰出的军事理论家马汉于 1890 ～ 1905 年间提出了制海权理论，其核心是"谁能控制海洋，谁就能控制陆地，进而控制整个世界"。因此，掌握全面制海权不仅是海军的核心任务，更是国家的战略目的，人类近代海战史充分印证了马汉这一理论。

近百年来，以美国、英国、法国、德国、意大利、日本为首的军事强国都在优先发展海上力量。在第一、第二次世界大战及近代几次战争中，这些国家通过海上封锁、破坏对方海上运输线、海上决战等方式，在一定海域内获得了制海权，进而实现了控制相关陆地的战略目的。

这其中，留给我们印象最深刻的是两次世界大战，无论是作战规模、作战样式，还是战争的惨烈程度都是空前的。在这两场战争中，海战这一古老的战争类型，由于使用了新武器、新装备，发生了革命性的变化。当德国的"俾斯麦"号和"提尔皮茨"号、日本的"大和"号和"武藏"号、英国的"威尔士亲王"号等超级战列舰被奉为"海战之王"时，以美国为代表的航空母舰及其战斗群横空出世，在一场场血与火的搏杀中表现出色，为美国最终赢得太平洋战争立下汗马功劳，名正言顺地取代了战列舰成为新的"海上霸主"。同时，随着人类科学技术的不断进步，核潜艇的出现又彻底打破了固有的海战模式，其强大的战略、战术威慑力，使之成为令人生畏的深海杀手。

为了再现近百年的大海战全景，我们精心推出"经典百年海战大观"系列丛书。这套书详细地再现了近百年来海战中的经典战例、著名战舰以及一些鲜为人知的人物故事，共20册，每册讲述一个独立的海战故事，书中涉及日德兰之战、珍珠港之战、珊瑚海之战、中途岛之战、瓜达尔卡纳尔之战、莱特湾之战、马里亚纳群岛之战、围歼"俾斯麦"号战列舰之战等海战史上至今仍然被人们津津乐道的经典战役。

进入21世纪，中国人民解放军海军迅速发展壮大，有力地保卫了祖国海防，但中国海军依然任重道远。要保护我们国家的利益，需要建设强大的海军，需要我们比以往任何时候都更加关注海洋、了解海战的历史。

目 录

第一章

激战南太平洋

★德国海军大臣认为：如果德国建设起强大的舰队，英国就会寻求与德国的友谊，而不会向德国挑战。

★虽然英国皇家舰队相当强悍，但斯佩心里并不惧怕，他的编队只有4艘战舰，但主力"沙恩霍斯特"号装甲巡洋舰和"格奈森诺"号装甲巡洋舰却是绝对的精锐，足以抵抗任何一种舰艇。

★德国军舰的第1次齐射就击中了英国军舰，"沙恩霍斯特"号装甲巡洋舰第3次齐射就将"好望角"号装甲巡洋舰的前炮塔击掉了。到19时45分，多处中弹的"好望角"号装甲巡洋舰从艏首到舰尾燃起灼天大火。

★英国军舰305毫米口径大炮立刻显示出了威力，385千克的炮弹不断飞向德国军舰，"沙恩霍斯特"号装甲巡洋舰首尾中弹多发，被打得千疮百孔，水线以下遭到严重破坏，大火弥漫整个舰体。

第二章
大西洋战火烽起

★德国海军还要求增加第 3 座主炮炮塔。于是，第 4 艘和第 5 艘德意志级袖珍战列舰成为沙恩霍斯特级战列巡洋舰的设计方案。

★ "声望" 号战列巡洋舰首先开火。它以一敌二，用主炮猛轰 "格奈森诺" 号战列巡洋舰，用副炮炮击 "沙恩霍斯特" 号战列巡洋舰。当时海面恶浪滔天，"声望" 号战列巡洋舰摇晃起伏，使主炮的射速和准度大受影响。

★ "沙恩霍斯特" 号战列巡洋舰前桅瞭望平台上的古斯少尉候补生正集中精力努力观察。突然，他在目镜中发现了一缕青烟，用余光一闪回转刻度盘，方位大约在右舷 60°。

★ "阿卡斯塔" 号驱逐舰发射的 1 条鱼雷命中 "沙恩霍斯特" 号战列巡洋舰 C 炮塔正下方的 III – IV 舱连接部，360 公斤高爆炸药在舰壳上撕开了一个 14 米长、6 米宽的大口子。

第三章
大西洋"虎鲨"

★"沙恩霍斯特"号战列巡洋舰受到重创,不得不返回基尔港维修,"格奈森诺"号战列巡洋舰和"希佩尔海军上将"号重巡洋舰继续在挪威附近海域游弋,但一无所获。

★在制定"莱茵演习"方案时,雷德尔没有打算动用"欧根亲王"号重巡洋舰,只是"沙恩霍斯特"号战列巡洋舰主机发生故障,"格奈森诺"号战列巡洋舰受伤,才让它仓促上阵。

★希特勒举行秘密军事会议。会议的中心议题就是关于德国海军"沙恩霍斯特"号战列巡洋舰、"格奈森诺"号战列巡洋舰和"欧根亲王"号重巡洋舰3艘大型水面舰艇的去向。

★一直到德军舰队驶抵勒图盖时,才被英军岸炮部队以目视发现,英军228毫米的岸炮猛烈开火,但由于能见度太低,连续33次齐射竟无一命中。

第四章

英德恶战北海

★ "格奈森诺"号战列巡洋舰280毫米主炮的巨大炮弹准确落在英军"伍斯特"号驱逐舰上，甲板被炸开了一个大缺门，舰桥被炸飞了一大块，轮机舱中弹起火，险些沉没。

★ 海军总司令托维率领英方主要的掩护力量——"约克公爵"号战列舰、"华盛顿"号战列舰、"胜利"号航空母舰，3艘巡洋舰和一小队驱逐舰，进行巡逻警戒。

★ 海军部鉴于PQ-17运输船队的惨剧，建议至少在北方流冰群消融之前和极区白夜过去以后再开始北极运输船队的运输。

★ "吕佐夫"号袖珍战列舰此时趁机逼近失去护航的运输队，并向其发射了87发280毫米炮弹和75发150毫米炮弹，但由于能见度极低，海面上又弥漫着英军施放的烟幕，炮弹竟无一命中。

第五章
北冰洋上斗"瞎蝙蝠"

★此次出征，和"沙恩霍斯特"号战列巡洋舰同行的有5艘驱逐舰，舰队司令是埃里希·贝海军少将。他天生一副凶相，高鼻梁，粗脖子，身高马大，蓝色眼珠内总是闪烁着好斗的凶光。

★"沙恩霍斯特"号战列巡洋舰立即转向，主副炮一起转向左舷。但是炮弹的闪光越来越密，近失弹落在"沙恩霍斯特"号战列巡洋舰的四周，掀起了一排排白晃晃的水柱。

★当第1颗照明弹的光亮渐渐消退的时候，从北面和西面又同时升起两颗照明弹，使德国军舰彻底暴露，贝少将落入英国军舰的包围中，唯一的对策就是凭借速度优势，尽快甩掉英国人。

★有3条鱼雷命中目标，分别击中了"沙恩霍斯特"号战列巡洋舰的首部、中部和尾部。冰冷的海水从德国军舰装甲列板的数十个破口涌进舱内，将来不及逃走的舰员毫不留情地淹死。

第一章
激战南太平洋

★ 德国海军大臣认为：如果德国建设起强大的舰队，英国就会寻求与德国的友谊，而不会向德国挑战。

★ 虽然英国皇家舰队相当强悍，但斯佩心里并不惧怕，他的编队只有4艘战舰，但主力"沙恩霍斯特"号装甲巡洋舰和"格奈森诺"号装甲巡洋舰却是绝对的精锐，足以抵抗任何一种舰艇。

★ 德国军舰的第1次齐射就击中了英国军舰，"沙恩霍斯特"号装甲巡洋舰第3次齐射就将"好望角"号装甲巡洋舰的前炮塔击掉了。到19时45分，多处中弹的"好望角"号装甲巡洋舰从艏首到舰尾燃起灼天大火。

★ 英国军舰305毫米口径大炮立刻显示出了威力，385千克的炮弹不断飞向德国军舰，"沙恩霍斯特"号装甲巡洋舰首尾中弹多发，被打得千疮百孔，水线以下遭到严重破坏，大火弥漫整个舰体。

1. 英德海军竞争

1914 年 6 月 28 日上午,奥匈帝国皇太子斐迪南大公访问萨拉热窝期间,塞尔维亚一个秘密组织成员——19 岁的普林西普向斐迪南夫妇开枪射击,斐迪南夫妇毙命,普林西普被捕。这一事件被称为"萨拉热窝事件",也是第一次世界大战的导火线。

普林西普刺杀斐迪南的行动被奥匈帝国当作对塞尔维亚发动战争的口实。7 月 23 日,奥匈帝国在获得德国无条件支持下向塞尔维亚发出最后通牒,包括拘捕凶手、镇压反奥活动和罢免反奥官员等,塞尔维亚除涉及内政项目外,其他条件全都同意。不过,奥匈帝国依然将行动升级。

鉴于各国的强硬外交和军事力量的干预,战争已无可避免。

当初,德国宰相俾斯麦拒绝建设一支强大的适于远洋航行的海军,唯恐这一行动会激起与英国的海军竞赛。俾斯麦离任后,新皇帝威廉二世被帝国海军部大臣阿尔弗雷德·冯·提尔皮茨含混不清的理论说服了,认为德国远洋舰队不会激起两个大国的竞争,而实力大增后更有可能逼得英国与德国联盟——在提尔皮茨看来,如果德国建设起强大的舰队,英国就会寻求与德国的友谊,而不会向德国挑战。

　　包括提尔皮茨和威廉二世在内的德国海军规划者们都坚信战列舰是最重要的，其他种类的军舰只能起侦察和防卫作用。他们认为对商船做零星袭击的战争起不了什么决定性的作用。因此他们对这种攻击战术没做什么准备，只把潜艇当成舰队的辅助舰只。第一次世界大战爆发时，德国人的潜艇还不足 50 艘。

　　正如俾斯麦所预见的，德国人建设一支战列舰舰队的决定引起了英国人的警觉。新造的德国舰只已不再只是适于北海行动的短程舰只了。英国人得出结论，认为德国建造这些军舰是针对他们的。

阿尔弗雷德·冯·提尔皮茨

于是当德国人宣布再次扩大自己的造船计划时，英国人迅速作出反应，把自己的造船计划翻了一番。

提尔皮茨仍不罢休，随着英法友好关系不断加强，他请求补充造船计划。英国人坐不住了，派大臣去柏林寻求调停，但德国人对达成海军协议的要价太高：如果法德开战，英国必须保持中立。英国自然不乐意，结果是两国参战时海军力量都很强大。

战前几年，英国海军部约翰·费希尔勋爵一心想使皇家海军现代化，便实行了一些改革。他支持军官教育，主张拆毁过时的军舰，赞同能使备用军舰迅速进入临战状态的核心船员制度。19世纪英国的全球性利益影响了它的海军部署，起初它有9个舰队驻守在世界各地。随着德国海军力量在北海的威胁日益严重，这种分散的兵力部署对英国就很危险了。费希尔认为多佛尔海峡、直布罗陀海峡、苏伊士运河、好望角和新加坡是扼守全世界水域的战略要地。于是他把9个舰队合编成5个，分头把守这几个要地，其中又以英国本土舰队最为强大。实际上英国海军力量的2/3集中在本国水域。

在皇家海军那些囿于传统的将军们当中，约翰·费希尔勋爵很不受欢迎。1910年初人们指责他，强烈要求他下台。最终他被封为男爵后体面地退休。然而海军中继续充满了他的影响，海军部继任者亚瑟·威尔逊勋爵仍坚持着他的政策。

英国国防委员会曾展开如何最好地利用军队打击敌人的辩论。

所有成员都认为：海军的任务就是对德进行封锁和保护海上运输，英国海军中某些种类的战舰力量将远远超过执行这几项任务。辩论围绕如何最好地利用这些多余的军舰，怎样最有效地使用英国陆军而进行。

海军上将费希尔和威尔逊所拥护的一个观点是：应利用其地理位置所赋予的机动性和自己的海上优势攻击敌人的边缘位置，寻找敌人的薄弱环节，用两栖攻击削弱敌人的军事力量，把敌人的部队从主要战区牵引过来，从而打破其潜在的联盟。欧洲主要大陆战区应该留给比利时、法国、俄国和协约国所能吸收的任何其他部队。英国应用财政援助的办法支持这些部队，或通过缴获德国的贸易品，给予经济上的支持，或采用除向主要战线实际派遣大量部队之外的任何其他支持办法。这样的话，只需要强大的海军就行了，基本没陆军什么压力。

英国陆军行动部总监、陆军上将亨利·威尔逊勋爵自然很不乐意，他认为在大陆战争中应该把英军主力派往主要的战区，别无其他选择。

英国首相赫伯特想最后确定战略计划，便召开了一次帝国国防委员会的特别会议，邀请部分内阁成员和陆海军高级军官参加。上午陆军上将亨利·威尔逊讲述了陆军推崇的大陆战略，下午海军上将亚瑟·威尔逊解释了海军拥护的边缘战略。

在这次会议上，好像陆军上将的论述更明智些，首相便提出一份关于海军支援陆军，特别是立即把英国派遣军运往法国的计划。

海军大臣相当不愿意，首相便换了个海军大臣——那就是直率的内政大臣温斯顿·丘吉尔。

丘吉尔来到海军部，明白自己的首要工作是撤掉亚瑟·威尔逊上将，在皇家海军中组织起一个与陆军总参谋部相当的战时参谋部，并提出把英国派遣军运送到法国的计划。

另外，德国海军建设规划的持续威胁使英国更加向法国接近了，英国国防委员会认为英国必须在本土水域集结更多的舰队。于

丘吉尔

是根据协议，英国皇家海军把其整个主力舰队召到北海，法国将其全部战列舰派往地中海。

英法两国政府进一步达成协议：一旦发生两国共同参战的战争，皇家海军将保卫法国的北部和西部海岸。一旦法国遭到进攻，英国政府方面实际上并没有援助法国的政治义务，但很多英国领导人认为从道义上讲应该帮助法国防卫。

就这样，当奥地利大公斐迪南被刺引起一系列事件，导致奥、俄、德、法的军事调动时，英国在未来战争中究竟应该起什么样的作用还没有确定。而法国人却还依赖着陆军上将亨利·威尔逊的保证，当他们得知英国根本没有具体的计划时既吃惊又不满。直到德国宣布支持奥匈帝国开战时，英国内阁才开始进行战争投票。

1914 年 8 月 4 日午夜，一封电报发给了皇家海军的所有指挥官："对德开战。"

战争迫在眉睫，英国的本土舰队和德国的公海舰队都进入了战斗泊位。英国本土舰队的主要战斗力都集中在大舰队。大舰队的指挥官是海军上将约翰·杰利科勋爵，主要基地在奥克尼群岛中的斯卡帕湾，辅助基地在苏格兰的港湾里。

大舰队中包括 20 艘一级战列舰和 4 艘战列巡洋舰。它们的主要作用是防止德国军舰逃进大西洋，保卫北海，监视德国公海舰队，与公海舰队作战，在出现有利机会时将其歼灭。由巡洋舰和驱逐舰组成的巡逻队在多佛尔、哈里奇和亨伯河外保卫着英国海岸。

战争爆发后，英国又组织了一支由 17 艘前无畏级战列舰组成的海峡舰队，保障向法国运送部队和物资的通路安全。

由弗里德里希·冯·英格诺尔指挥的德国公海舰队包括 13 艘一级战列舰，3 艘战列巡洋舰，8 艘无畏级战舰。公海舰队的基地是威悉河和易北河的港湾和亚德湾，分配给它的任务是保护德国海岸不受英国攻击，并寻找机会削弱英国舰队的力量。

英国本土舰队的首次考验，就是开始将英国军队从本土运往法国。这是一次冒险的行动，因为德国人完全可以全力截击。但是这次行动计划得很周密，执行得也丝毫不差，十分严谨。

大舰队驶入北海，只要公海舰队胆敢驶出基地，就随时准备给

英国海峡舰队

它迎头痛击。海峡舰队在英法海岸巡逻队的辅助下把守着英吉利海峡的两端，时刻不停地监视着敌人军舰或潜艇的任何袭击。与此同时，英国军队乘着独立行驶的运输舰渡过海峡。这些运输舰在燃料允许的情况下穿梭于海峡两岸，以最快的速度装卸部队。

从1914年8月9日到22日，5个师的英国派遣军安全到达法国，更值得注意的是这次行动几乎是完全保密的。

德国陆军也在快速通过比利时，以大规模的机械化运动占领巴黎，迫使法国退出战争。然而9月底，500 000士兵——全部为英国职业陆军——在法国登陆了。整个战争期间德国人从未成功地攻击过横跨海峡的"海上桥梁"。

英伦三岛的位置扼守住北海的出口，公海舰队实际上已成了大舰队的囊中之物。大舰队只要在那儿停泊，就收到了封锁德国的效果。显然，处于劣势的公海舰队不会出来向集结在那儿的大舰队挑战的。

而在另一方面，雷场、潜艇等的威胁也制止了大舰队进到亚德湾攻击德国舰队——英国的目的是把公海舰队，或其中的一部分，引诱出来消灭。而德国人则想运用计谋一点一点地逐个歼灭大舰队的各个部分，以此把它削弱到自己能对抗的水平。

北海的第一次水面战斗行动给海上伏击与反伏击战树立了典范，罗杰·凯斯准将指挥的英国潜艇报告，德国人在黑尔戈兰湾进行侦察活动。

第一次世界大战时期英国近卫步兵第一团

黑尔戈兰湾是易北河和威悉河口外一片三角形水域，每天傍晚德国的轻型巡洋舰都护送驱逐舰到海上来做夜间巡逻。黎明时巡洋舰与驱逐舰在黑尔戈兰湾西北 20 海里处相会，护送它们回港。

凯斯认为这个规律对英国舰队是个机会，就起草了一份突袭敌人的计划。利用潜艇当诱饵，把强大的水面增援舰只布置在视界以外，把德国人引到黑尔戈兰湾以西的海面，英国水面军舰就可以在这里从北面插过来再向西拐，把遇到的所有敌舰都分割开来。

凯斯相信英国这样就能粉碎敌人驱逐舰的夜间巡逻，如果运气好的话，还能俘获那些巡洋舰。

凯斯亲自回到伦敦，把自己的计划呈送给海军大臣和海军部的各位次官。海军部同意了这个计划，把日期定为 1914 年 8 月 28 日，但把水面增援舰只限制在 2 艘轻型巡洋舰和 33 艘驱逐舰，由理查德·蒂里特准将指挥。

然而凯斯离开后，海军部又派了 6 艘轻型巡洋舰由威廉·古迪纳夫准将指挥，派了 5 艘战列巡洋舰由海军中将戴维·贝蒂勋爵指挥——由于海军部的工作不细致，先期出发的凯斯和蒂里特，在驶向黑尔戈兰时都不知道兵力已经如此增强了。

★丘吉尔主张建立参谋部

对丘吉尔来说，成为海军大臣不成什么大问题，但组织一个机能健全的海军总参谋部困难重重。

英国海军军官没有受过适于总参谋部工作的训练。他们缺乏军事教育，缺乏从总体战略思考问题的素质。丘吉尔说："一个海军军官按要求读一本关于海战的书，或通过最基本的海军史考试，这对其事业和训练都没有重要意义。英国海军之所以沉默不是因为它正专心于思索和学习，而是因为它被日常公务琐事和越来越复杂、多样化的技术压得透不过气来。我们有的是胜任的指挥官，各种类型的才华横溢的专家、无与伦比的航海家、优秀的严格执行纪律者、出色的海军军官、还有那些又勇敢又忠诚的宝贝；但一打起仗来，只能管理军舰的人却大大多于能指挥战争的人！"

2. 德军被迫外围作战

德国人已经风闻了英国人的计划，也想搞一次反伏击，这就使情况更复杂了。但他们也和凯斯一样，并不知道英国人又派了古迪纳夫和贝蒂的两支分舰队。

德国人在黑尔戈兰附近有 19 艘驱逐舰和 2 艘轻型巡洋舰，在东南两侧还有另外 4 艘轻型巡洋舰，在 50 海里之外的亚德湾内驻扎着德国战列巡洋舰分舰队。

英德两国海军都想使对方落入自己的圈套，如果蒂里特没有后面两支增援部队的话，情况对他就可能非常不利。

凯斯的计划执行起来似乎十分顺利。他的 3 艘做诱饵的潜艇在黑尔戈兰以西浮出了水面。当德国驱逐舰出来追逐时，蒂里特的军舰冲出来追赶它们。

果真有 2 艘德国轻型巡洋舰从黑尔戈兰后边冲出来。英国人打得其中 1 艘德国巡洋舰掉转船头，带着 50 个伤亡舰员向威廉港驶去。接着英国人又向西转回去，发现了一艘孤零零的德国驱逐舰，很快就把它打成一堆火焰冲天的残骸。

也在向西行驶的凯斯透过晨雾看到古迪纳夫的巡洋舰正在驶来，他大吃一惊，以为是敌舰，就发出了求救的电报。蒂里特迅

第一次世界大战时期的英国潜艇群

速赶来。幸亏他们及时辨认出彼此来，才避免了友军之间的一场恶战。

德国海军上层曾命令德国战列巡洋舰在必要时赶往黑尔戈兰，但显然忘记了潮汐。直到午后潮水的高度才能使它们驶出亚德湾。目前，这一海域中的 5 艘德国轻型巡洋舰先期前来参加攻击。

古迪纳夫的军舰击沉了 1 艘，剩下的几艘还没来得及逃走，贝蒂的战列巡洋舰又从西北方向冲了过来，用 343 毫米口径的火炮击沉了 2 艘。

2艘幸存的德国轻型巡洋舰被打得遍体鳞伤，设法溜走了，在途中遇上了从亚德湾赶来的战列巡洋舰。这些战列巡洋舰匆忙赶往战斗现场，等它们终于赶到时，所有的英国军舰早已离开了。

英国人在水面战斗中先发制人，击沉3艘敌轻型巡洋舰和1艘驱逐舰，打死德军700余人，俘虏400人。英国军舰只受了轻伤，伤亡35人。

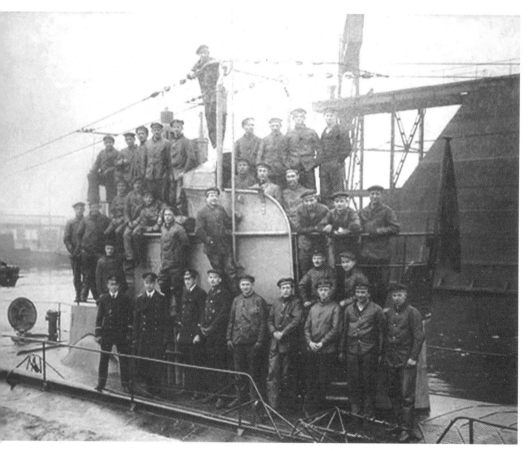

第一次世界大战时期德国潜艇官兵合影

在德国陆军正席卷比利时和法国北部时，英国人大战告捷的消息大大地振奋了协约国。但英国海军部的官员们都知道自己对不起舰队——在最后一分钟里改变计划，又没有通知海上指挥官，这险些导致了英国军舰对射。

德国海军部也同样知道自己指挥不利。尽管有了英国人要打伏击的警报，足以在自己门口摧毁攻击者的德国军舰不是来不及出击、就是不能够出来。德皇对己方军舰和人员的损失很震惊，从此决定把舰队行动的控制权掌握在自己手里。他告诉海军部长，没有他本人同意决不准出航。此后，黑尔戈兰水域布上了水雷，一个战列舰分队处于战备状态，战列巡洋舰不熄火停泊在亚德湾外，准备反击英国人的第2次进攻。

黑尔戈兰大捷给皇家海军带来的信心不久就因输给了德国潜艇而失掉了。1914年9月，德国潜艇在北海击沉了4艘英国巡洋舰。从此，英国舰队在北海的行动就因过分小心而受到影响。他们尤其在追击时格外小心，因为敌人可能会把皇家海军部队引向雷区或潜艇伏击区。

德国海军用保存实力来威胁英国本土舰队，将主力舰队摆在北海，偶尔出击一下，以起到骚扰的作用。而在辽阔的大西洋、太平洋和印度洋上，德国人只安排了8艘军舰在活动。一路是由斯佩海军中将率领的东亚分舰队，该舰队由4艘战舰组成："沙恩霍斯特"号装甲巡洋舰和"格奈森诺"号装甲巡洋舰、"埃姆登"号轻巡洋舰和"纽伦堡"号轻巡洋舰。另外,"德雷斯顿"号轻巡洋舰和"卡尔斯鲁厄"号轻巡洋舰在加勒比海游猎,"莱比锡"号轻巡洋舰和"柯尼斯堡"号轻巡洋舰分别在墨西哥西海岸和东非沿海活动。

东亚分舰队司令官马克西米利安·格拉夫·冯·斯佩中将,可是德国海军史上赫赫有名的人物。他机警干练,曾参加了八国联军的侵华作战,他的舰队本来以中国青岛为基地,后来转战于东亚和西太平洋。

虽然英国皇家舰队相当强悍,但斯佩心里并不惧怕,他的编队只有4艘战舰,可主力"沙恩霍斯特"号装甲巡洋舰和"格奈森诺"号装甲巡洋舰却是当时绝对的精锐,足以抵抗任何一种舰艇。

鼎鼎有名的沙恩霍斯特级的巡洋舰专门用来对付英国"约克"级巡洋舰。

沙恩霍斯特级装甲巡洋舰与约克级装甲巡洋舰外形极其相似,均为高干舷、长艏楼船型,同样是4座等尺寸的高大烟囱,还拥有前后对称的、中部设有大型战斗桅盘的筒形主桅,在外观上非常相似。沙恩霍斯特级装甲巡洋舰的主尺度如下:船身全长144.7米,水线全长143.9米,全宽约21.64米,吃水约8.38米,标准排水量11 616吨,满载排水量为12 985吨。

沙恩霍斯特级装甲巡洋舰的水线装甲带最厚处达到150毫米,向艏艉方向逐渐减少,最薄处76毫米;炮塔正面防护是全舰最坚固的地方,装甲厚度约180毫米,炮塔座圈装甲厚度也是

"沙恩霍斯特"号装甲巡洋舰

180 毫米；甲板装甲仍然相对较薄，最厚处 63 毫米。推进系统为三胀式蒸汽机组，三轴推进，设计额定输出功率增至 26 000 马力，设计航速 22.5 节。建成服役后，该级装甲巡洋舰的实际航速均不低于 23.5 节。

当然，沙恩霍斯特级装甲巡洋舰的武器也相当强悍，装备 210 毫米 40 倍口径主炮 8 门，其中 4 门以双联装形式安装在艏艉中心线的主炮塔内，虽然德制 210 毫米火炮的身管长度不及英制 203 毫米 45 倍口径火炮，不过这 4 门主炮的最大仰角可以达到 30 度（比

"沙恩霍斯特"号装甲巡洋舰双联装210毫米前主炮

后者多出 10 度）——是当时战舰火炮仰角最大的，也因此获得了 14 900 米的最大射程；另外 4 门分别安装在两侧舷的炮廓内。88 毫米速射炮增加到 16 门，其中 8 门分别安装在艏艉楼内的炮廓中。

客观地看，沙恩霍斯特级装甲巡洋舰的火炮射速较快，其主炮的射速均为 4 ~ 5 发 / 分钟，高于同期英国制造的 234 毫米和 203 毫米火炮，几乎与德制 150 毫米速射炮相当，而且数量上占优势——当时各国海军装甲巡洋舰的多数装备 190 ~ 234 毫米主炮 2 ~ 4 门。

尽管沙恩霍斯特级装甲巡洋舰的火炮安装方式使得非交战一侧的主炮无法瞄准目标，但是以侧舷对敌时仍然可以一次发挥 6 门主炮的火力，显然占有火力强度的优势。虽然装备了更多的主炮挤压了舰上的空间，不过在近战中也能够发挥 6 门 210 毫米炮和 3 门 150 毫米炮的威力，这样就与侧舷齐射 4 门 203 毫米（或者 2 门 234 毫米）火炮和 7 门 152 毫米火炮的英国巡洋舰相比差别不大，再加上射速很快的主炮，就完全弥补了副炮数量不足的缺陷。

唯一的不足就是安装于炮廓内的主炮仰角太小，射程和射界比炮塔内的主炮差了很多，在远距离交战的时候仍然只能 4 炮齐射。尽管如此，它也被公认为是那个时代最优秀的装甲巡洋舰。

沙恩霍斯特级装甲巡洋舰包括"沙恩霍斯特"号装甲巡洋舰和"格奈森诺"号装甲巡洋舰，均以拿破仑战争时代的普鲁士著名将领的姓氏命名，沙恩霍斯特本人不仅是拿破仑战争时期普鲁士国王

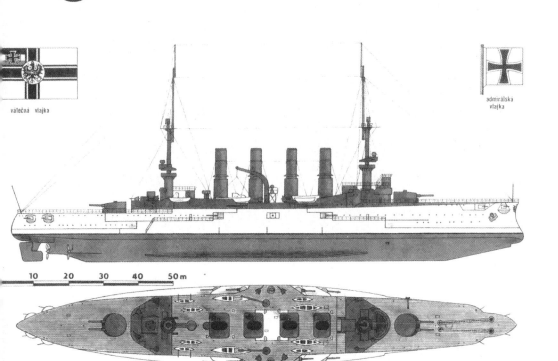

"沙恩霍斯特"号装甲巡洋舰模型示意图

手下的得力将领，还是一位著名的军事改革家，他将参谋本部这一机构融入军事指挥和管理体制的做法，被许多国家沿用至今。

沙恩霍斯特级装甲巡洋舰的二号舰"格奈森诺"号装甲巡洋舰于1904年12月率先开工，建造地点是威塞尔船厂；一个月后"沙恩霍斯特"号装甲巡洋舰在汉堡的布洛姆——福斯船厂安放第1块龙骨。两舰分别于1908年3月和1907年10月竣工，平均造价超过19 780 000马克。

时年53岁的冯·斯佩在海军中以勇敢多谋著称。此时他率领的东亚舰队，在浩瀚大洋上游弋，担负攻击敌国商船、炮击敌军军事设施、摧毁敌军通讯台站的任务。

尽管有着最为厉害的两艘战舰，斯佩面临的局势仍然不容乐观：英国人在印度洋和远东配置了由一艘战列巡洋舰、2艘老式无畏舰、10艘装甲巡洋舰和轻巡洋舰编成的三支混合舰队，并有4艘法国和俄国巡洋舰配合行动。另外日本也对德宣战，参加了协约国，斯佩又多了一个强大对手。

第一次世界大战前的布洛姆——福斯船厂

斯佩了解自己的处境，如果英国、俄国、日本通力合作，全力以赴地来对付他，那么他的四艘战舰估计就没戏了。所幸的是，一支英国混合舰队正奉命在印度洋上保护英国的商船；一支澳大利亚舰队在忙于夺取德国人在太平洋上的岛屿；而日本舰队更是野心勃勃，正在着手入侵当时被德军占领的青岛。与斯佩周旋的，只有一支力量大致旗鼓相当的英国混合舰队。

迫于形势，斯佩决定转移战场，到南美洲沿岸去攻击敌人的商船。

8月7日，他在新几内亚露了一面，两天后在加罗林群岛加了一次煤，应舰长冯·米勒的要求，"埃姆登"号轻巡洋舰作为一艘单独的袭击舰出发到印度洋去打游击，斯佩的主力则继续东进。

9月14日，斯佩来到萨摩亚外海，这个原本属于德国的殖民地如今已被新西兰军队占领，几艘英国旧式战列舰已从这里开往印度洋，港内空空如也。斯佩没有陆战队，无法夺回萨摩亚，因此他向岸上开了几炮后就掉头撤退了。9月22日，斯佩袭击了帕皮提，击沉了港内的法国"热忱"号小炮舰。

一个月后，斯佩抵达复活节岛。这时，在墨西哥外海作战的"莱比锡"号轻巡洋舰和"德雷斯顿"号轻巡洋舰也逃到这里。

5艘德国军舰会兵一处，稍事休整后，便在斯佩的指挥下，向南开进。

★格拉夫·冯·斯佩中将

德国海军史上有名的战将。于 1861 年 6 月出生在丹麦哥本哈根，17 岁时就加入了德国海军，以候补军官的身份成为"贝尼塔"号练习舰的成员。1882 年，斯佩晋升为少尉，在炮舰"海鸥"号上服役。1892 年晋升为上尉，以"巴伐利亚"号战列舰副舰长的身份学习炮术。1897 年任巡洋舰队第 2 分队副司令官兼参谋，并在两年后晋升为少校。

1901 年 2 月，斯佩担任"塘鹅"号扫雷舰舰长。随后他担任海岸防卫部长，并在接下来的两年里分别晋升为中校和上校。在担任

格拉夫·冯·斯佩

了"巴登堡"号战列舰舰长一职后，斯佩于 1908 年被任命为北海舰队参谋长。1910 年，他在任上晋升为海军少将。1912 年 9 月 19日，转任德国海军东亚巡洋舰队司令，基地设在中国胶东半岛的青岛，同年 12 月 4 日停泊于上海时，在旗舰"沙恩霍斯特"号装甲巡洋舰上晋升为中将。

3. 克罗内尔海战

此时，在南美洲西海岸，有英国人的福克兰群岛海军基地，前西印度舰队在海军少将克里斯托弗·克拉多克爵士率领下驻扎于此，紧密搜索着德国人的舰船。

福克兰群岛又称马尔维纳斯群岛，简称马岛，在南美洲南端的东北方约 480 公里，位于阿根廷南端以东的南大西洋水域，西距阿根廷 500 多公里，距麦哲伦海峡东也约同等距离。全境由索莱达（东福克兰）、大马尔维纳（西福克兰）两大主岛和 200 多个小岛组成。海岸线曲折，地形复杂，群岛以北部两条东西走向的山脉为主，最高峰达 705 米。岛上多丘陵，河流短小流缓。气候寒湿，年平均气温 5.6℃，一年中雨雪天气多达 250 天左右。

英国人牢牢控制着海外军事基地，不过此时皇家海军为了保护本土并监视德国的公海舰队，将大部分兵力部署在北海——多佛尔——直布罗陀一线。在大洋上只留下了几只巡洋舰分队以对付德国海上袭击舰，因此驻防在南美的克拉多克爵士实力并不强大。

克拉多克得知"德雷斯顿"号轻巡洋舰和"莱比锡"号轻巡洋舰已闯入太平洋时，他便意识到自己很可能将与斯佩的分舰队有一战。

英国海军部根本没料到斯佩的"沙恩霍斯特"号装甲巡洋舰和"格奈森诺"号装甲巡洋舰已经偷偷摸摸去了南美洲——9月14日下午，他们才电告克拉多克"斯佩可能前往麦哲伦海峡，以恢复德

"老人星"号战列舰

国同南美西海岸的贸易",并指示他在"力量足够强大时,搜索和摧毁斯佩的舰队"。

克拉多克再三告诫海军部,福克兰群岛附近可能有大海战,并要求增派"防御"号装甲巡洋舰。后来海军部派来的却是"老人星"号战列舰,更要命的是,当这艘老朽不堪的军舰驻泊福克兰群岛斯坦利港补给时发动机出了故障,无法满功率运转,最高航速由17节降至12节。

英国人并不知道,斯佩此时麾下不仅有"沙恩霍斯特"号装甲巡洋舰和"格奈森诺"号装甲巡洋舰两艘重装甲巡洋舰,还有"纽伦堡"号轻巡洋舰,更增加了"莱比锡"号轻巡洋舰和"德雷斯

德国"格奈森诺"号装甲巡洋舰

顿"号轻巡洋舰，此时斯佩已强大到可与任何一支英国分舰队进行交战了。

克拉多克最初的目标是"德雷斯顿"号轻巡洋舰，他曾从加勒比海一路追踪南下，当"德雷斯顿"号轻巡洋舰闯入太平洋与斯佩会合时，克拉多克意识到他将有可能与一支占优势的德国舰队交锋。海军部虽然答应支援，派来的却是"老人星"号战列舰，让克拉多克尤为失望的是，这艘老爷舰上的后备役官兵素质低下，炮手们竟然从未施放过舰上的大炮。

由于克拉多克担心德国军舰骚扰智利沿海的英国海上贸易线，所以尽管他知道自己实力不济，仍固执地离开福克兰群岛，撇下力不从心的"老人星"号战列舰，率领"好望角"号装甲巡洋舰（旗舰）、"蒙默斯"号装甲巡洋舰、"格拉斯哥"号轻巡洋舰、"奥特朗托"号辅助巡洋舰，穿过麦哲伦海峡，然后沿智利沿海搜索北上，主动去寻找德国人交战。

10 月 29 日，英国军舰中速度较快的"格拉斯哥"号轻巡洋舰奉命独自前出至智利港口克罗内尔以南搜索。两天后，"格拉斯哥"号轻巡洋舰截获了一艘德国军舰与补给船之间的电报，克拉多克认为这艘军舰正是从大西洋逃出来的德国军舰"德雷斯顿"号轻巡洋舰，并断定它正在单独活动，他立即命令"格拉斯哥"号轻巡洋舰与舰队汇合，然后一起向北开进，围歼德国军舰。

11 月 1 日下午 14 时，克拉多克的 4 艘军舰集结完毕，然后成扇面展开，向北推进。克拉多克深信不疑：在这烟波浩渺的洋面上，他的舰队肯定能够截住德国人的孤零零的"德雷斯顿"号轻巡洋舰，到时候以四敌一，必定能够击沉对方。

大约2小时后，"格拉斯哥"号轻巡洋舰舰长卢斯在舰艏右舷方向发现了目标，克拉多克闻讯大喜。但不一会儿，卢斯又报告说，此舰周围好像有德国"沙恩霍斯特"号装甲巡洋舰和"格奈森诺"号装甲巡洋舰。克拉多克心里暗暗一惊。

英国军舰的速度比德国军舰稍快，如果此时下令他的舰队转向南逃，等到和"老人星"号战列舰会合后再与德国军舰作战，或许能争一番雄雌。但如果此时后撤，谁能保证再能找到这群德国战舰呢？

心念陡转之间，克拉多克把双方的实力进行了一番对比：

德国人的"沙恩霍斯特"号装甲巡洋舰和"格奈森诺"号装甲巡洋舰都是1907年建造的新式巡洋舰，装8门210毫米和6门150毫米火炮，优良的制造技术使这些火炮在风浪中能快速准确地射击，斯佩手下的水兵又以炮术精湛著称。

而英国军舰"好望角"号装甲巡洋舰建于1902年，装有4门234毫米火炮和16门152毫米火炮，火炮口径虽大但射程、射速和瞄准性能均远逊于德国军舰；"蒙默斯"号装甲巡洋舰建于1903年，仅有14门152毫米火炮。更糟的是两舰上的舰员大多是技术生疏、缺乏经验的义务兵和士官生；更郁闷的是，"奥特朗托"号辅助巡洋舰则是一艘由定期班轮改装的战舰，战斗力根本不值一提；只有"格拉斯哥"号轻巡洋舰是 1911 年建造的新式轻巡洋舰，速度较快，但仅有 2 门 152 毫米火炮且无装甲保护，用于对付德国轻巡洋舰尚可，却无法与德国主力舰抗衡。

如果一边炮击一边后撤，故意引起德国军舰注意，将德国人引到港口，利用"老人星"号战列舰 4 门 305 毫米巨炮与"沙恩霍斯特"号装甲巡洋舰对抗，也许能打赢这场海战，但克拉多克觉得临阵脱逃会辱没皇家海军的声誉，更担心一旦丢失目标再也难找到斯佩。

"好望角"号装甲巡洋舰

　　另外，讨厌的"奥特朗托"号辅助巡洋舰是他的另一个难题，"好望角"号装甲巡洋舰和"蒙默斯"号装甲巡洋舰的速度分别是23节和22.4节，"格拉斯哥"号轻巡洋舰有25节，但"奥特朗托"号辅助巡洋舰只有18节，除非克拉多克扔下它不管，否则很难摆脱斯佩的追赶。"沙恩霍斯特"号装甲巡洋舰和"格奈森诺"号装甲巡洋舰的正常速度是23.2节和23.5节，就算扣除迎风减去的3节也有19节，因此如果要保护"奥特朗托"号辅助巡洋舰，就必须下决心与德军拼死一战。

　　唯一值得安慰的是，皇家海军能进行全球快速部署，所以只要能将敌舰的战斗力大大削弱，即使牺牲自己，后续赶到的主力舰队

"蒙默斯"号装甲巡洋舰

也能轻易地找到并歼灭敌人。仔细权衡利弊之后，克拉多克决心打一仗。

克拉多克的想法并没错，当时另一支英国分舰队正锚泊在乌拉圭的蒙得维的亚港，它有两艘重巡洋舰、两艘轻巡洋舰以及武装商船，力量超过克拉多克舰队许多倍——如果克拉多克缠住斯佩舰队并将"沙恩霍斯特"号装甲巡洋舰击伤，而自己的援军能及时赶到，完全能灭了斯佩舰队。

就在克拉多克决心要打的时候，斯佩也发现了英国舰队。

英国军舰先向东行驶以靠近德国军舰，在17时左右收拢扇形编队，一齐向旗舰"好望角"号装甲巡洋舰集中，17时47分集结成纵队，由"好望角"号装甲巡洋舰领军，"奥特朗托"号辅助巡洋舰殿后，"蒙默斯"号装甲巡洋舰和"格拉斯哥"号轻巡洋舰居中，然后英国军舰向南转向，与德国军舰航线近乎平行。

德方的"莱比锡"号轻巡洋舰首先发现了"格拉斯哥"号轻巡洋舰。

斯佩对在此时此地遇上一只英国舰队也吃惊不小，但他的位置较为有利，而且已列好战斗纵队，由前向后分别是"沙恩霍斯特"号装甲巡洋舰、"格奈森诺"号装甲巡洋舰、"莱比锡"号轻巡洋舰和"德雷斯顿"号轻巡洋舰，"纽伦堡"号轻巡洋舰则位于50多公里外的北方，正从它的补给站匆匆归队。

斯佩立刻命令向西南方向行驶，决心追杀英国人。18时，将航向向南调整与英国军舰并行。

18时18分，克拉多克将航速提至17节，面对德国军舰毫不畏惧，并向遥远的"老人星"号战列舰发电："我将攻击敌舰。"此时太阳仍在海平面上，阳光将德国炮手刺得眼花缭乱，光线对英国军舰有利，可惜双方相距15 000米，都在对方射程之外。

18时55分，情况逆转，太阳落入海面，余晖将英国军舰的身影清晰地映在地平线上，而德国军舰却隐没在渐浓的夜幕中。克拉多克一不做二不休，于19时整带队向东南方向疾驶，以期迅速缩短双方距离并用近战与斯佩一搏。

19时30分，双方相距11.3公里，斯佩命令用210毫米主炮向英国军舰开火，"沙恩霍斯特"号装甲巡洋舰与"格奈森诺"号装甲巡洋舰分别对付"好望角"号装甲巡洋舰和"蒙默斯"号装甲巡洋舰，5分钟后，英国军舰还击。斯佩事后在一份简报中写道："风浪从舰艏袭来……观察与测距都严重受阻。因为海浪直扑舰桥，中部甲板上的150毫米炮几乎无法瞄准目标。"

德国军舰尚且如此，克拉多克这边的情况就更糟了，他只有4门234毫米火炮能够够得着德国军舰。英军的火炮向东瞄准，而强劲的东南风使海浪扑向炮口，炮手被飞溅的浪花遮住了视线，东方夜色中的德国军舰的方位只能从炮口闪光来判断，测距就更不用提了。英军从一开战就陷入了毫无还手之力的境地。

这是一场实力悬殊的战斗，德国军舰的第1次齐射就击中了英国军舰，"沙恩霍斯特"号装甲巡洋舰的第3次齐射就将"好望角"号装甲巡洋舰的前炮塔击掉了。到19时45分，多处中弹的"好望角"号装甲巡洋舰从舰首到舰尾燃起灼天大火。按斯佩的计算，"沙恩霍斯特"号装甲巡洋舰共击中它大约35次。

在交战的15分钟内，克拉多克在毫无希望的情况下，仍努力向德国军舰接近，也许他希望能发挥一下鱼雷的威力。在被打得不能动弹以前，他已将距离缩短至5.2公里——斯佩已猜到对方的意图，命令拉开双方的距离。

19时50分，"好望角"号装甲巡洋舰中部发生大爆炸，火焰蹿至60米高。7分钟后，这艘不走运的旗舰带着克拉多克海军少将与900多名官兵沉入海底，无人幸免。

另一边，"格奈森诺"号装甲巡洋舰的第3次齐射将"蒙默斯"号装甲巡洋舰前炮塔的顶部击毁并引发大火。"蒙默斯"号装甲巡洋舰向右舷倾斜，全部火炮均被打哑。

20时15分，"蒙默斯"号装甲巡洋舰调转180°向偏北方向缓缓驶去。它大概搞错了方向，因为北面是三艘德国轻巡洋舰。20时58分，最北面一直还未参战的"纽伦堡"号轻巡洋舰发现了垂死的"蒙默斯"号装甲巡洋舰，它的主桅上还飘着皇家海军的白色海军旗。舰长立即驱舰攻击，一通狂轰之后，"蒙默斯"号装甲巡洋舰于21时18分沉没，全舰近700名官兵无一幸免。

海战的另一边，英国军舰"格拉斯哥"号轻巡洋舰与德国军舰

"莱比锡"号轻巡洋舰一对一地进行决斗；"德雷斯顿"号轻巡洋舰正在痛击"奥特朗托"号辅助巡洋舰，后者显然不是对手，只得迅速脱离编队向西南方向撤退。

"奥特朗托"号辅助巡洋舰逃离战场后，"格拉斯哥"号轻巡洋舰被迫与两艘德国轻巡洋舰进行激战，渐渐不支，不久便被接连击中5次。起初它还能尾随"蒙默斯"号装甲巡洋舰以保持编队，但在目睹了旗舰的覆灭和"蒙默斯"号装甲巡洋舰被打残后，识时务的舰长命令"格拉斯哥"号轻巡洋舰全速向西北方向脱离战场，然后向300公里外的"老人星"号战列舰靠拢并向其发出了电报："旗舰被击沉，我编队已分散。"

"老人星"号战列舰赶到战场已经迟了，它深知自己航速慢，火炮虽猛，但射程也不如德国军舰，与其冲上去被德国人围攻，还不如保护伤痕累累的"奥特朗托"号辅助巡洋舰和"格拉斯哥"号轻巡洋舰撤回福克兰群岛。

德国方面，斯佩因畏于"老人星"号战列舰的305毫米巨炮，而且对眼前的战果也颇为满意，故只派速度较快的"莱比锡"号轻巡洋舰和"德雷斯顿"号轻巡洋舰继续搜索，自己则率其余的3艘战舰喜气洋洋地返回中立的智利港口进行补给。

战斗中"沙恩霍斯特"号装甲巡洋舰被击中两次，无人伤亡，"格奈森诺"号装甲巡洋舰被击中4次，3人负伤，其余舰只毫发无损。

★ "老人星"号战列舰

英国"老人星"号战列舰，排水量13 360吨，主要武备：4门305毫米炮，1897年10月下水，尺寸：128米×23米×8米。老人星级战列舰是装备水管锅炉的第一批战列舰，这种锅炉可提供更高的功率和更大的经济性。在全速时，"老人星"号战列舰每小时耗煤10吨。老人星级战列舰起初是用于在太平洋基地服役的，太平洋地区日本和俄罗斯的军事力量日益增长，引起了英国人的关切，因此将该舰投入太平洋。在第一次世界大战时，该舰被调到福克兰群岛，并在1914年12月与德国斯佩的巡洋舰分队进行战斗。"老人星"号战列舰于1920年被卖掉。

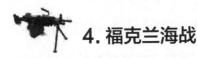

4. 福克兰海战

此次海战，在水面舰艇正面交战中的失利使英国海军部大为震动，由于克拉多克的攻击行动导致他本人和1600多名部下丧生，很难用勇敢还是鲁莽来形容他。

侥幸逃脱的"格拉斯哥"号轻巡洋舰的航海日志评价了这次战斗："在整个战斗中，官兵行为完全值得钦佩，完美的纪律与镇静态度在受到大量炮火射击而无力作适当还击的令人难受的环境下依然如故。士兵的表现完全像在进行战争演习，当看不见目标时，火炮瞄准手主动地停止射击，没有炮火的迹象，'格拉斯哥'号轻巡洋舰的军官和全体水兵的斗志完全没有被所处逆境所削弱，这艘军舰可以很快恢复到今后对同一敌人的战斗中，这是我们全体一致的愿望。"

英国海军大臣鲍尔弗对此评论说："如果海军少将克拉多克认为只要能摧毁这支敌方舰队，他自己和他的部下牺牲也是值得的，那么无论谁都会说：他表现出了最大的胆量。但我们永远也不会知道他的想法，因为他显然未能成功，他和他勇敢的同伴葬身于遥远的他乡。但他们也得到了补偿，他们的埋葬之地是海军英雄建立了伟大业绩的永生之地。"

当胜利的消息传到德国时，柏林并未被这一小小的胜利冲昏头脑。德海军当局警告斯佩，当前用巡洋舰作战很不划算，德国的舰船本来就不多，经不起消耗，因而建议他率领全部战舰回国。

斯佩此刻却被胜利冲昏了头脑，手中有"沙恩霍斯特"号装甲巡洋舰和"格奈森诺"号装甲巡洋舰，加上三艘轻巡洋舰，足够与英国人的任何一支分舰队抗衡。

对于柏林的要求，斯佩满口答应，却在执行中自作主张：首先是在调回5艘巡洋舰时行动迟缓，耽搁了整一个月的时间。其次又不顾下属舰长们的意见分歧，决定突袭福克兰群岛的斯坦利港，铲除英国人的军事基地。

再说英国这边，克拉多克舰队的失败让皇家海军颜面无存，海军部作出反应：向斯佩可能去的各个水域派出了强大的增援兵力。丘吉尔命"皇家公主"号战列巡洋舰组成的舰队前往加勒比海，以防斯佩穿越巴拿马运河；命"无敌"号战列巡洋舰和"坚强"号战列巡洋舰前往南大西洋，搜寻德国军舰——不惜代价也要击沉"沙恩霍斯特"号装甲巡洋舰和"格奈森诺"号装甲巡洋舰。

11月11日，"无敌"号战列巡洋舰（旗舰）和"坚强"号战列巡洋舰在弗雷德里克·斯特迪海军中将的率领下，秘密地赶去福克兰群岛，两艘战列巡洋舰的16门305毫米口径主炮将给敌人致命一击。

两舰到达后，与原先配置在这一带的"卡那封"号装甲巡洋舰、"肯特"号装甲巡洋舰、"康沃尔"号装甲巡洋舰以及"格拉斯哥"号轻巡洋舰、"布里斯托尔"号轻巡洋舰一起，组成了一支力量强大的舰队。

斯特迪到达福克兰群岛后，就忙着召集原来驻泊在那里的5艘舰艇的舰长开会，事情凑巧，就在斯特迪舰队到达福克兰的第二天，斯佩的舰队也一路奔波赶到了该海域。

12月8日上午7时30分，斯佩舰队中担任侦察任务的轻巡洋舰在斯坦利港观测到了高悬的三角桅塔——这是英国战列巡洋舰的典型标志。得知这一消息的斯佩大惊失色，原准备顺手牵羊的美梦顿时烟消云散。

8时，斯特迪也收到了令人吃惊的消息：斯佩舰队正向这个群岛接近。

斯特迪同斯佩一样感到意外，因为刚刚到达的英国人正在给军舰加煤和维修，没有做好战斗的准备。英国海军将领认为，抛锚停泊而没有生火的斯特迪舰队"被发现时处于不利地位，如果德国人坚持及时发动攻击，则英军舰队的结局将是极不愉快的"。

然而，此时的斯佩只想逃跑。

斯佩犯了一个致命的错误：当他到达斯坦利港的时候，英国舰队尚未生火，假如他果断杀入港中，英国人的重型战舰将如同鸭子

"皇家公主"号战列巡洋舰

一样任其屠宰。然而，这位沙场老将一发现对方有两艘远胜于己的"无敌"号战列巡洋舰和"坚强"号战列巡洋舰，便惊慌失措率队撤逃，终于在无遮无掩的大洋上被速度更快的英国军舰追及，而遭到灭顶之灾。

实际上，德国军舰发现英国军舰是在 7 时 30 分，而"无敌"号战列巡洋舰能够驶出港口，还要到 9 时 45 分呢！当部下报告德国军舰已经逼近的消息，斯特迪立即下令各舰加煤生火，然而，烧煤锅炉要一个多小时才能真正有足够蒸汽开动军舰，这期间英国军舰无异靶标。

千钧一发之际，斯特迪将军下达了第二条命令：各舰按时开早饭！不能不佩服斯特迪的冷静。

英国军舰的司炉们在锅炉房里忙得满头大汗，舰船升火了。8 时 45 分，"肯特"号装甲巡洋舰先行驶离港口前去侦察，一小时之后，"无敌"号战列巡洋舰和"坚强"号战列巡洋舰立即出海，全速前进。其他舰只也相继离港。

10 时，斯特迪在"无敌"号战列巡洋舰上发出了振奋人心的信号："追击！"

11 时，匆匆逃跑的斯佩收到了最令他担心的报告：他的舰队已被 2 艘 26 节的英国战列巡洋舰追上了。

在英国海军部的预算报告中曾经这样描述无敌级战舰："装备 8 门 305 毫米主炮的该级战舰可以追捕并且摧毁敌方任何种类的巡洋

舰，而遇到更为强大的对手时，将凭借25节的高速摆脱对方的纠缠……这种'理想型巡洋舰'将会成为真正的巡洋舰杀手！"

斯佩的舰队正面临这两大杀手！此时的势态是：德国分舰队拥有2艘装甲巡洋舰，3艘轻巡洋舰，数艘辅助船，共有16门210毫米舰炮，12门150毫米舰炮，军舰航速23～24节；英国分舰队则有2艘战列巡洋舰，3艘装甲巡洋舰，2艘轻巡洋舰，共有16门305毫米舰炮，4门190毫米舰炮，36门152毫米舰炮，舰速22～26节。

12时45分，双方在相距14.4公里的距离上开始了战斗。排水量17 250吨、装有8门305毫米火炮的"无敌"号战列巡洋舰和"不屈"号战列巡洋舰，立即射出了令人恐怖的巨型炮弹，暴风骤雨般地泻向德国军舰。

斯佩眼看要大祸临头，慌忙令他的轻巡洋舰疏散，各自逃命。但为时已晚，"肯特"号装甲巡洋舰、"康沃尔"号装甲巡洋舰和"格拉斯哥"号轻巡洋舰已奉命前去追击。13时20分，遭受英国军舰第一次打击的德国军舰队乱了阵脚。

为减少已方损失，斯特迪命令跟随战列巡洋舰作战的"卡那封"号装甲巡洋舰拉开距离，亲自率领"无敌"号战列巡洋舰、"不屈"号战列巡洋舰，单独与斯佩的主力"沙恩霍斯特"号装甲巡洋舰和"格奈森诺"号装甲巡洋舰对垒。

这一调整使德国人在射程、火力和航速上完全处于劣势。英国军舰 305 毫米口径大炮立刻显示出了威力，385 千克的炮弹不断飞向德国军舰，"沙恩霍斯特"号装甲巡洋舰首尾中弹多发，被打得千疮百孔，水线以下遭到严重破坏，大火弥漫整个舰体。

在科罗内尔海战中耀武扬威的"沙恩霍斯特"号装甲巡洋舰，此时在战列巡洋舰面前显得是那么的软弱无力，15 时 30 分，该舰的第 3 个烟囱被炸飞，火炮也被打哑了。16 时 17 分，残破不堪的"沙恩霍斯特"号装甲巡洋舰带着格拉夫·斯佩和全体舰员一同沉入海底。

斯佩舰队的另一艘主力舰"格奈森诺"号装甲巡洋舰，企图与"沙恩霍斯特"号装甲巡洋舰携手顽抗，但是英国战列巡洋舰的重型炮弹轻易地穿透了它的甲板，给该舰舰体造成严重破坏。"格奈森诺"号装甲巡洋舰的两个锅炉舱涌进大量海水，燃起的浓烟吞噬了整个舰体。晚 18 时 2 分，该舰沉没。在它覆没前，英国军舰营救了从该舰逃亡出来的 190 名官兵。

与此同时，英军"肯特"号装甲巡洋舰在追击德国"尼恩贝格"号驱逐舰，"格拉斯哥"号轻巡洋舰和"康沃尔"号装甲巡洋舰追击"莱比锡"号轻巡洋舰。慌不择路的两艘德国军舰分别于 19 时 26 分和 20 时 30 分被击沉，只有 25 名舰员获救。

唯独小小的"德雷斯顿"号轻巡洋舰和 1 艘医院船逃避了追击，隐匿于夜色之中。3 个月后，它在智利沿海被英国军舰击沉。战斗中，许多德国水兵挣扎于南大西洋冰冷的海水之中，只有一部分被英国军舰救起。

这次战斗，由于德国人在射程、火力、航速和数量上都处于劣势，因而尽管英国军舰被多发炮弹击中，但损失轻微，装甲救了英国水手的命。

这两次海战其实是一个整体，斯佩的舰队没有变化，却先赢后输，虽然有着力量上的差距，但斯佩中将的指挥意识是第二次海战失败的主要原因。

在看到两艘战列巡洋舰后，没有了第一次海战时的勇气，"望风而逃"这个词或许不能用在骁勇善战的斯佩中将身上，但贻误战机的罪名他无论如何也摆脱不掉，如果当时他能够拼死一搏，面对还没有生火的英国舰队，鹿死谁手还未可知。

英国的两个将领性格迥异，克拉多克爵士勇猛异常，却是过刚

"不屈"号战列巡洋舰

易折，没有足够的实力却不等大后方雄厚力量的支援就毅然决然地前去挑战，或许是骑士时代勇敢的传承，但用 1600 多名部下的性命来完成自己的名誉，这不得不说是一种愚蠢的表现；斯特迪中将的豪气不逊于克拉多克，却更加冷静，当然，斯特迪能在两个小时的焦急等待中还记得让士兵吃早饭，这一点远非斯佩中将的匆匆逃窜可比。

激战中，"无敌"号战列巡洋舰主炮共发射了 513 发炮弹，"坚强"号主炮共发射了 661 发炮弹。击沉 2 艘德国装甲巡洋舰时，射程在 11 ~ 14.6 公里，分别命中炮弹 40 发左右。这次不平等的海战以英国舰队无敌级战列巡洋舰大捷告终，也让大英帝国海军进一步对战列巡洋舰这一快要淘汰的舰种青睐有加。

克罗内尔海战、福克兰海战的后果，直接导致了德国海军的全部家当都留在了自家的门口，英国海军也才得以把全部力量集中到主要战场——欧洲战区。

★无敌级战列巡洋舰

英国建造的首批战列巡洋舰，三艘同型军舰为"无敌"号战列巡洋舰、"不屈"号战列巡洋舰、"坚强"号战列巡洋舰。"无敌"号战列巡洋舰于 1906 年 4 月开工，于 1909 年 3 月服役。最初归类为装甲巡洋舰，直到 1912 年，为了区别这种新型战舰，被重新定义为"战列巡洋舰"（Battle cruiser）。

排水量：标准排水量 17 420 吨 / 满载排水量约 20 135 吨

外形尺寸：舰长 172.8 米 / 宽 24 米 / 吃水 8 米

动力：31 台锅炉，4 台蒸汽轮机组，主机输出功率 41 000 马力

最高航速：26 节

续航力：3000 海里 /25 节，6020 海里 /15 节

武备：305 毫米 /45 倍口径火炮 8 门（双联装炮塔 4 座），103 毫米炮 16 门（1915 年拆除 4 座），5 具鱼雷发射管

装甲：水线装甲带 102 ~ 152 毫米，炮塔 178 ~ 102 毫米，炮座 178 毫米；前指挥塔 254 ~ 178 毫米，后指挥塔 152 毫米，水平装甲甲板 19 ~ 63 毫米，装甲总重约 4000 吨

舰员：784 人

"无敌"号战列巡洋舰

第二章

大西洋战火烽起

★ 德国海军还要求增加第 3 座主炮炮塔。于是，第 4 艘和第 5 艘德意志级袖珍战列舰成为沙恩霍斯特级战列巡洋舰的设计方案。

★ "声望"号战列巡洋舰首先开火。它以一敌二，用主炮猛轰"格奈森诺"号战列巡洋舰，用副炮炮击"沙恩霍斯特"号战列巡洋舰。当时海面恶浪滔天，"声望"号战列巡洋舰摇晃起伏，使主炮的射速和准度大受影响。

★ "沙恩霍斯特"号战列巡洋舰前桅瞭望平台上的古斯少尉候补生正集中精力努力观察。突然，他在目镜中发现了一缕青烟，用余光一闪回转刻度盘，方位大约在右舷 60° 。

★ "阿卡斯塔"号驱逐舰发射的 1 条鱼雷命中"沙恩霍斯特"号战列巡洋舰 C 炮塔正下方的 III – IV 舱连接部，360 公斤高爆炸药在舰壳上撕开了一个 14 米长、6 米宽的大口子。

1. 郁闷的海军元帅

在第一次世界大战中，英国皇家海军觉得德国人的装甲巡洋舰不过如此——德国人引以为傲的"沙恩霍斯特"号战列巡洋舰和"格奈森诺"号装甲巡洋舰，不是也被打沉了吗？倒是德国海军公海舰队中的无畏级战列舰相当厉害，所以在1919年6月28日签署的《凡尔赛和约》的条款中明确规定：战败的德国不准建造和拥有一艘无畏级战列舰，仅允许其保留8艘老旧的战列舰，这些舰除了用于训练及海岸防御外，不做其他用途。替代舰必须在旧式战列舰下水时间超过20年以后才可动工建造，最大排水量被限制在10 160吨以内，舰炮口径也被限制在280毫米内。

这些限制逼得德国海军只能是一支能力有限的地区性海上力量，德国人自然不甘心，于是决定在限制内充分利用每一吨排水

停泊在斯卡帕湾的德国公海舰队

量，制造一种有相当强的装甲防护能力、排水量和火力大于巡洋舰、速度大于战列舰的小型战列舰，这就是德国著名的德意志级袖珍战列舰。

1929 年 2 月德意志级开工建造了，虽然德意志级袖珍战列舰从各个方面都无法和英国的战列巡洋舰相比，但综合性能优于法国的主力战舰。该级别战列舰共有 3 艘：

"德意志"号袖珍战列舰（后更名为"吕佐夫"号袖珍战列舰），"舍尔海军上将"号袖珍战列舰和"斯比伯爵"号袖珍战列舰。显然，"斯比伯爵"号袖珍战列舰正是为了纪念在第一次世界大战中牺牲的格拉夫·斯佩将军。

到了 1932 年，事情发生了变化，法国开始建造敦刻尔克级快速战列舰，它的性能要大大超过德意志级袖珍战列舰。德国人再也忍不住了，他们决定违反《凡尔赛和约》，秘密研制设计一种性能能与敦刻尔克级快速战列舰相匹敌的军舰——这就是后来的沙恩霍斯特级战列巡洋舰。

1933 年，希特勒上台。开始，他对《凡尔赛和约》的限制有所顾虑，不敢公开向英国的制海权挑战。他曾经向当时的德国海军司令表明，他不想追随第一次世界大战前的海军政策，不想建立一支向英国制海权挑战的舰队，但他要抗击法国正在进行的造舰计划。

1935 年 6 月 18 日，德国与英国签订一项条约，使英国海军在海权方面保持 3∶1 的优势。有了这样一个条约就合法地解除了《凡

"斯比伯爵"号袖珍战列舰

尔赛和约》对德国的限制。另外该条约允许德国建立一支舰队，而且向英国暗示，德国海军的政策将不是针对英国的。因此德国海军决定加强准备建造第 4 艘和第 5 艘德意志级袖珍战列舰，而且还要求增加第 3 座主炮炮塔。于是，第 4 艘和第 5 艘德意志级袖珍战列舰成为沙恩霍斯特级战列巡洋舰的设计方案。

沙恩霍斯特级战列巡洋舰刚一开工建造，德国就与英国签订了《英德海军协定》，被允许建造排水量 35 000 吨级的军舰。德国海军司令雷德尔以此为依据，认定德国海军当前的主要对手是法国而不是英国，所以需要尽快有一种能与法国刚动工的新式战列舰黎塞留级战列舰相当的军舰，因此沙恩霍斯特级战列巡洋舰方案又落伍了。

但德国人为了赶时间，决定使用第一次世界大战时期德国海军的马肯森级战列巡洋舰的舰体为蓝本，把排水量提高到 35 000 吨，安装三联装 380 毫米舰炮，最大装甲厚度为 360 毫米，换装蒸汽轮机，将航速提高到 31 节。

由于 380 毫米舰炮尚未研制成功，德国海军决定暂用德意志级袖珍战列舰上的 280 毫米炮，待 380 毫米炮研制成功后再安装上去。沙恩霍斯特级战列巡洋舰的两艘姊妹舰（"沙恩霍斯特"号战列巡洋舰和"格奈森诺"号战列巡洋舰，德国人显然很怀念这两个名字）的建造速度极快，都在 1935 年 5 月开工，分别于 1936 年 10 月和 12 月下水——但两舰尚未换装 380 毫米炮，第二次世界大战就于 1939 年 9 月 1 日爆发了。

沙恩霍斯特级战列巡洋舰是一个集各种海军思想、海军技术为一体的战舰。共安装了 3 座三联装 280 毫米火炮，这种炮是由德意志级袖珍战列舰的主炮改进过来，主要用于海上破袭战。这种火炮射速相当快；但火炮射程短、威力小、准确率低。这两艘舰的副炮都采用混合 150 毫米双联和单管炮。高射炮采用了身长 65 倍口径 105 毫米双联高平两用炮，共安装了 7 座；另外还安装了 8 座双联装 37 毫米和 16 门 20 毫米机关炮，可以看出沙恩霍斯特级战列巡洋舰的装备很全面，火力强大。

由于德国设计人员缺乏经验，这两艘仓促建成的军舰，存在着很多缺陷，不伦不类。其 37 000 吨的排水量与英国的战列舰相当、31 节的速度与战列巡洋舰相当、装甲厚度又大于战列巡洋舰，可 3 座三联装 280 毫米火炮的火力又介于战列巡洋舰和巡洋舰之间。其结果是英国的战列舰追不上，巡洋舰打不过，与战列巡洋舰较量又要吃亏。因为沙恩霍斯特级战列巡洋舰具有以上意想不到的古怪特点，使其像两条鲨鱼，既凶猛，又难捉。

当希特勒突然发动闪电战入侵波兰的时候，德国海军司令雷德尔相当不满。根据《凡尔赛和约》，战败的德国只能拥有 6 艘战列舰、6 艘轻巡洋舰和 12 艘驱逐舰。雷德尔的前任小心翼翼，只在和约限定的范围内建造了几艘轻巡洋舰。后来德国与英国讨价还价，海军实力才出现复苏征兆，在"德意志"号袖珍战列舰之

沙恩霍斯特级战列巡洋舰前甲板上的三联装 280 毫米主炮

后，"舍尔海军上将"号袖珍战列舰、"斯比伯爵"号袖珍战列舰、"沙恩霍斯特"号战列巡洋舰和"格奈森诺"号战列巡洋舰先后服役了。

雷德尔兴致勃勃地要发展海军，并制订了相关计划：到1944年，德国将拥有8艘大型战列舰，8艘袖珍战列舰，5艘重巡洋舰，44艘轻巡洋舰，2艘航空母舰和249艘潜艇。雷德尔相信，手头有了这样的兵力，一定能够打垮英国皇家海军。然而希特勒心急火燎，1939年9月1日，德国装甲部队攻入波兰。两天后，英、法对德宣战——雷德尔简直觉得海军是被拖下水了！

虽然有满肚子的不满，雷德尔还是听从了元首希特勒的命令，积极备战。

雷德尔是德国海军历史上里程碑似的人物，他于1876年4月24日出生于汉堡的一个小镇上，后来毕业于基尔海军军官学校。德国一心要成为海上强国，与拥有世界上最强大的海军舰队的英国抗衡，雷德尔以能在海军服务为莫大荣幸。1897年，德国参与了对中国的野蛮侵略，德国舰队占领了中国的胶州湾和青岛，强迫中国的清朝腐败政府租让了该地区。接着，第2支德国巡洋舰队在皇太子海因里希指挥下开到了东亚，"德意志"号装甲舰作为旗舰，雷德尔就在上面担任通信官，同时担任舰上军乐队的指挥。

雷德尔不仅有音乐天赋，而且发挥了他的写作能力，他写的《菲律宾的叛乱》一书特别受到德国皇太子海因里希的赏识。他随德国皇太子来到中国，游历了北京、天津、广州、青岛、香港等城市。并且在北京受到了慈禧和光绪的接见。1905年4月，雷德尔晋升海军上尉，并于海军学院毕业后被派往波罗的海预备舰队的"福里特约夫"号海岸装甲舰上任航海官。1906年4月调任驻柏林的海军情报处第一科科长，职责是搜集和研究外国的新闻报道，主编《海军观察》和《航海》杂志。他所担任的工作使他有机会经常接近提尔皮茨上将和作家罗尔巴赫博士，甚至接触过德皇威廉二世，后者还授予过雷德尔四等红鹰勋章，以鼓励其写作的成就。

他满腹经纶、多才多艺，但不问政治，而一心致力于军事。从

希特勒（左一）与雷德尔（中）

1909 年 10 月到 1910 年 3 月期间，雷德尔先在"霍亨索伦"号舰上任航海官，后来到皇帝游艇上服务。这位青年上尉同皇帝有着较多的接触。威廉二世很赏识他，在他航行途经利萨岛时，请他作了一次专题报告，此后这位喜欢探讨学术问题的皇帝多次召见过雷德尔。第一次世界大战时，他晋升海军中校，担任了一艘新的小型巡洋舰"科隆"号舰长，被派往北海执行巡逻任务。战后，德意志帝制终被推翻。雷德尔调到海军档案处工作，当他准备考取博士时，又被提升为海军少将，并就任海军教育监的监督，掌管各海军学校的教育工作以及两艘训练用舰。由于《凡尔赛和约》禁止德国设立参谋本部和海军大学，雷德尔建立了秘密的指挥与参谋人员训练班，同时也成立了海军各类专科学校。

1924 年，雷德尔接任北海轻巡洋舰舰队司令，以"汉堡"号巡洋舰为旗舰。次年 2 月，他被调回基尔，同时晋升海军中将，担任波罗的海军区司令。4 年之后，雷德尔晋升海军管理局首脑（即海军总司令），获上将军衔。他积极扩建海军，提倡着重建造巡洋舰与潜艇，并专心致力于这项工作。

雷德尔虽然不问政治，但他对希特勒的国家社会主义运动有好感。1933 年 2 月，希特勒首次召见雷德尔，并对他说，他绝不会同英国、日本或意大利交战。海军舰队的建立只用于防卫欧洲大陆。兴登堡总统去世后，希特勒成为他的继任者和三军最高统帅，并宣布《凡尔赛和约》的限制无效。正式成为海军总司令的雷德尔

"汉堡"号巡洋舰

交给"思登"号训练巡洋舰舰长邓尼茨海军中校一个任务，要他组建新的潜艇部队。邓尼茨主张建造中型潜艇，他认为，建造中型潜艇既符合德英海军协定中关于舰艇吨位的限制，又能建造数量较多的潜艇。雷德尔的工作更加繁忙，但他有一个可靠的参谋班子。此外，他在自己的职权范围内享有广泛的独立性。这就使雷德尔能够在 1935 年完成使 2 艘装甲舰、2 艘巡洋舰、16 艘驱逐舰和 23 艘潜水艇下水的工作任务。到 9 月 27 日，邓尼茨已经可以把第 1 批的 6 艘潜水艇编为一个潜艇小队了。

虽然雷德尔竭力提防其他纳粹党分子对海军的任何插手，但他同元首之间的关系很友好。希特勒对于雷德尔的一切建议都表示采纳，从不干预。

1937年雷德尔接受了希特勒授予他的纳粹党金质党徽，雷德尔曾多次劝告希特勒，不要轻易介入国际纠纷，特别应当避免同英国发生战争。他和海军总部的军官都一致认为，德国的海军要想同英国海军作战，力量是不够的。在他同邓尼茨一次会晤时，曾断言："德国舰队除了战斗和光荣地沉没之外，不可能有别的作为。"但他又说，德国海军利用潜艇来破坏大英帝国的海上运输，兴许能获得成功。

第二次世界大战爆发时，德军最高统帅部给海军下达的对英国作战训令只由一句简短的话组成："海军应与敌商船队，主要是英国商船队作斗争。"雷德尔奉这一命令，指挥德国海军，特别是潜艇部队开始对英作战。

由于舰只太少，雷德尔不准备和英国皇家海军硬拼，他的抉择是，避开皇家海军，把袭击舰和潜艇派到大西洋，截杀盟国的护航运输队，以切断英国的海上生命线。但是，德国出海口不畅，潜艇虽能暗渡北海，可大型水面舰只却被堵在自家门前，行动处处受阻。

对此，雷德尔走了两步棋。第一，大战爆发前就将"德意志"号袖珍战列舰、"斯比伯爵"号袖珍战列舰派到了大西洋上，预先埋下了两颗钉子。第二，时机成熟，便出兵去占挪威，夺取新的港口。

★沙恩霍斯特级战列巡洋舰

德国作为第一次世界大战的战败国，其海军主力舰的建造受到《凡尔赛和约》的严格限制。1933年希特勒掌权后，德国海军打算突破限制，开始秘密设计大型战舰。1935年德国宣布撕毁《凡

"沙恩霍斯特"号战列巡洋舰

尔赛和约》，签订《英德海军协定》之后，德国海军停止建造德意志级装甲舰的四、五号舰，于1935年开工建造沙恩霍斯特级战列巡洋舰。

沙恩霍斯特级战列巡洋舰开始计划排水量为26 000吨，主炮口径380毫米。但因为政治原因，最终采用3座三联装280毫米口径主炮，防御性能较德意志级大幅度增强。由于修改装甲防护的设计，使该级舰排水量达到32 000吨，导致干舷高度较低，一定程度上影响了航海性能。尽管德国海军将其称为战列舰，但当时一般将这种高航速，主炮口径较小的战舰称为战列巡洋舰。沙恩霍斯特级战列巡洋舰只建造了两艘，分别是"沙恩霍斯特"号和"格奈森诺"号。

 ## 2. 英德抢占挪威

一开局，雷德尔屡次取胜，德国潜艇先后击沉英国"勇敢"号航空母舰和"皇家橡树"号战列舰。大西洋上，"德意志"号袖珍战列舰东游西窜，扰得皇家海军心神不定。"德意志"号袖珍战列舰在吸引了大量敌兵力的同时，还悄悄截杀了3艘商船，然后安全返回了德国本土；"斯比伯爵"号袖珍战列舰的表现尤为出色，3个月来，它一共击沉了9艘商船，总吨位达50 000吨。可惜在洋洋自得的舰长大意之下，中了英国人的埋伏，"斯比伯爵"号袖珍战列舰最后被逼自沉，舰长也在绝望中自杀。

其他战舰屡次立功的时候，"沙恩霍斯特"号战列巡洋舰和"格奈森诺"号战列巡洋舰在北海也是战功赫赫，击沉了英国"拉瓦尔品第"号巡洋舰。

1939年11月23日日落时分，在冰岛与法罗群岛之间巡逻的由商船改装的英国巡洋舰"拉瓦尔品第"号发现两艘敌舰，正在迅速地向它逼近。

肯尼迪舰长清楚自己遇到大麻烦了，他的军舰原由远洋客轮改装而成，舷侧只有4门152毫米口径的旧炮，而他的敌人就是德国新型战舰"沙恩霍斯特"号战列巡洋舰和"格奈森诺"号战列巡洋舰。

敌舰在相距10公里处首先开火，"拉瓦尔品第"号巡洋舰立即加以反击。这种一边倒的作战，直到"拉瓦尔品第"号巡洋舰的大炮全部被毁，舰身成为一团烈焰冲天的火堆为止。天黑后不久全舰沉没，随舰殉职的有舰长和270名官兵。只有38人幸免于难，其中27人被德国人俘虏，其余11人在冰冷的海水中飘浮了36个小时，才被另一艘英国船救起。

其实"沙恩霍斯特"号战列巡洋舰和"格奈森诺"号战列巡洋舰在两天以前离开德国，原想袭击英国的大西洋商船队，但航行中偶然遇到"拉瓦尔品第"号巡洋舰，顺手将它打沉了。

英国人很郁闷，第一次世界大战中曾经被"沙恩霍斯特"号装甲巡洋舰和"格奈森诺"号装甲巡洋舰骚扰过，现在它们换了身行头又来惹是生非，丘吉尔甚至想利用诱饵将这两艘重要的德国军舰引出来作一决战。在皇家海军搜索的时候，却发现敌舰正在向东方退去，因此，英国方面迅速组成强大的舰队，包括潜艇在内，预备在北海内加以阻截。

为了监视北海的各个出口，盟军组成了海上和空中的巡逻，此外一组强大的巡洋舰，把这种警戒扩展到挪威的沿海一带，到了25日，共有14艘英国巡洋舰，连同与之配合的驱逐舰和潜艇在战列舰的护卫下，仔细搜索北海的海面。不过时运不佳，盟军舰队毫无发现，英国人这种大海捞针般的搜索，居然持续了七天之久。

当时英国首相丘吉尔的压力很大，他回忆道：英国的公众舆论对于英国船舰的沉没，非常敏感，"拉瓦尔品第"号巡洋舰在英勇战斗以后被击沉以及所造成的重大的生命损失，如果继续没有予以报告，舆论对于海军部一定会有严重的反响。人们也许会质问："实力这样薄弱的一艘军舰，为什么不给它强大的支援就让它暴露？是不是德国的巡洋舰能够任意活动，甚至闯入了我们主力舰队防守的封锁区？是不是袭击的敌舰已经安然无恙地遁去？"这时我真是如坐针毡……

雷德尔指挥的一系列海战成绩辉煌，但不久英国人开始采取对策。他们有组织地采取了防护措施，用巡洋舰、驱逐舰和飞机保护运输船的护航体系形成；经常改变护航运输队航路，让它们偏离通常的海上交通线；对自己的大部分商船进行了武装。对全部近海水域实施了空中观察，飞机被用来与德国潜艇作战，有时还与驱逐舰和拖网渔船协同。于是，海战激烈起来。

德国的舰队肯定是不够用，雷德尔便向希特勒指出了挪威在对英国进行海战中的意义：英国如若占领挪威基地，意味着波罗的海入口被控制，从侧翼威胁北海德国海军，也会影响到德国空军空袭英国的行动。相反，德国若占领这些基地，就能打开通往北大西洋的大门，使英国不能设置水雷障碍，德国在第一次世界大战中曾有68艘潜艇毁于英国的水雷和深水炸弹，可谓前车之鉴。

英国首相丘吉尔也深知挪威的重要性。

英国是个岛国，历来重视海军，加上它工业发达，绝大部分的原材料靠进口，于是英国人依仗强大的海军力量从海外掠夺大宗财富运回本国。第一次世界大战时，英、德海军打了一场场激烈的海战，大多是在围绕海运做文章。双方都力图扼杀对方的海运，并确保己方海上运输的畅通无阻。第二次世界大战爆发后，海军大臣丘吉尔再度出山，不久接任首相。对英、德两国海上争斗的实质，他自然心明如镜。皇家海军实力占有绝对优势。开战时，英、德海军分别拥有战列舰15∶5，巡洋舰64∶8，驱逐舰230∶30，潜艇58∶57，航空母舰10∶1。但雷德尔派袭击舰和潜艇到大西洋攻杀商船的战法使他大伤脑筋，他考虑再三，还是决计采用第一次世界大战中的老办法，屯重兵于本土，封死北海，捆住德国海军的手脚。

丘吉尔走这步棋遇到了麻烦——挪威。挪威海岸线对大洋开放的有 17 000 多公里，如果希特勒出兵占了挪威，皇家海军纵然使出浑身解数，也难以困住对手。同时，德国舰只随时都会从薄雾缭绕的挪威峡湾中溜出来，杀向大西洋。那将是一种相当被动的局面。

1940 年春，丘吉尔得到报告：运载瑞典矿石的德国船只避开英军封锁，紧靠中立国挪威的海岸航行。他敏锐地意识到事态严重，出兵挪威刻不容缓。3 月底，他正式通知海军部，派出布雷舰只，用水雷封锁挪威海岸，同时派出部队，前去攻占挪威的沿海重镇。

一接到命令，海军部赶忙调兵遣将。布雷行动兵分三路：派 8 艘驱逐舰组成北方布雷队，前往佛斯特海峡布雷，封锁挪威港口纳尔维克，阻止德国船只运送铁矿；派 2 艘驱逐舰前往挪威中部要塞，设下雷区；派 1 艘布雷舰和 4 艘驱逐舰组成南方布雷队，前往施塔万格。

为了保证北方布雷队作业顺利，丘吉尔还令惠特沃思海军中将率领"声望"号战列巡洋舰和 4 艘驱逐舰出海，在佛斯特峡湾口外巡逻策应。

就在英国人决心保护挪威的时候，4 月 8 日，希特勒动手了——德国大肆攻入丹麦。丹麦进行了抵抗，但在少数忠诚的士兵被击毙

英国艾布迪尔级快速布雷舰

以后，就很容易地被德国所占领。当晚，德国的战舰逼近挪威首都奥斯陆。

挪威的防御力量方面，有一艘"奥拉夫·特里格伐森"号布雷艇和两艘扫雷艇。黎明以后，两艘德国扫雷艇侵入峡湾口，让军队在海岸炮台附近登陆。其中一艘被"奥拉夫·特里格伐森"号布雷艇击沉，但德国军队登陆成功，并夺取了炮台。而这艘勇敢的布雷艇在峡湾口挡住了两艘德国驱逐舰，并击伤了"埃姆登"号巡洋舰。一艘只装备一座大炮的挪威武装捕鲸船，并没有接到任何特别命令，亦立即参加作战，抵抗侵略者。它的炮被击成粉碎，舰长的双腿被炸断，自己从甲板上滚入海中，慷慨就义。

德国的主力舰队在"布吕歇尔"号重巡洋舰统率下，这时已进入峡湾口，向奥斯卡斯堡要塞保护的海峡前进。

挪威炮台开炮轰击，从岸上500米远的地方发射的两条鱼雷准确地命中目标，"布吕歇尔"号重巡洋舰迅速沉没，随船丧命的有德国派来的高级行政官员和秘密警察分遣队。其他的德国舰只，包括"吕佐夫"号袖珍战列舰在内被迫撤退。受伤的"埃姆登"号轻巡洋舰没有再继续参加海战。奥斯陆最后不是被来自海上的敌舰所攻陷，而是由于敌人使用运输军队的飞机和在峡湾登陆的方法加以占领的。

"布吕歇尔"号重巡洋舰

除了挪威首都奥斯陆，德国军队分头袭击其他四大港口城市——克里斯蒂安森、斯塔万格和北面的卑尔根、特隆赫姆。

德军最大胆的袭击是在纳尔维克。十艘德国驱逐舰各自载运200名士兵，在"沙恩霍斯特"号战列巡洋舰和"格奈森诺"号战列巡洋舰的护卫下，在1940年4月9日清早到达了纳尔维克。

两艘挪威战舰"诺格"号海岸护卫舰和"艾兹沃尔德"号海岸护卫舰停在峡湾中准备作战到底。黎明时，它们发现有几艘驱逐舰高速向港内驶来，但在狂风暴雪下，起初不能断定它们是哪个国家的军舰。不久，一个德国军官乘了汽艇过来，要求"艾兹沃尔德"号海岸护卫舰号投降。在接到该船司令官简短的答复"你来，我打"以后，德国军官立即退却了。但这艘军舰几乎立即被同时发射的一连串鱼雷炸毁，船员几乎全部罹难。同时，"诺格"号海岸护卫舰开炮轰击，但在几分钟以内，它也被鱼雷击中，立即沉没。

在这次勇敢的且毫无希望的抵抗中，两艘军舰上死亡的挪威水兵有278人，被救的不及100人。在"沙恩霍斯特"号战列巡洋舰和"格奈森诺"号战列巡洋舰的狂轰下，纳尔维克的防守炮台被轻易地轰上了天，德军顺利抢滩成功。

英国皇家海军当然不肯放过与德国舰队交战的机会，本土舰队司令福布斯爵士早就亲率"罗德尼"号战列舰、"勇士"号战列舰、"反击"号战列巡洋舰以及2艘巡洋舰和10艘驱逐舰出海，高速向东北方向航进，企图截住德国运输舰队。

可是本土舰队在特隆赫姆以西水域整整搜索了一天，也没有找到敌舰。福布斯决定分头行动。他让"反击"号战列巡洋舰、"佩内洛普"号巡洋舰和4艘驱逐舰向北追赶，同时让在佛斯特峡湾活动的"声望"号战列巡洋舰掉头南下，形成夹击态势。他自己则率领大舰队，尾随北进。这时，他收到了一系列报告：在挪威南部海域发现了德国舰队。考虑到北部水域已有两支实力相当可观的舰队，当晚他又率领主力，转向南下。

9日清晨，天空灰蒙蒙的。惠特沃思中将奉福布斯之令，正率领"声望"号战列巡洋舰向南航行，距离斯科姆瓦尔灯塔大约50

"声望"号战列巡洋舰

海里时，瞭望员隐约看到了两个暗影。他判断为一艘战列巡洋舰和一艘重巡洋舰——实际上是"沙恩霍斯特"号战列巡洋舰和"格奈森诺"号战列巡洋舰，它们刚完成了护送远征军前往挪威的任务。

　　4时左右，双方距离缩短到10海里。"声望"号战列巡洋舰首先开火。它以一敌二，用主炮猛轰"格奈森诺"号战列巡洋舰，用副炮炮击"沙恩霍斯特"号战列巡洋舰。当时海面恶浪滔天，"声望"号战列巡洋舰摇晃起伏，因此主炮的射速和准度大受影响。距离接近到8海里时，"声望"号战列巡洋舰一炮击中"格奈森诺"号战列巡洋舰首部，将前主炮打哑。"格奈森诺"号战列巡洋舰见势不妙赶忙转向，"沙恩霍斯特"号战列巡洋舰则连连施放烟幕，掩护撤退。"声望"号战列巡洋舰也中了3发炮弹，受伤不轻，但它依然加速到29节，英勇北追。5时左右，暴风雪越来越大，冷飕飕的洋面上，两艘德国军舰很快就消失了身影。惠特沃思懊恼万分，他让舰炮朝左右舷盲目狂打一气，结果毫无所获，只好偃旗息鼓，任敌逃窜。

　　8时整，惠特沃思招来部分警戒舰只，和"声望"号战列巡洋舰一道向西航进，准备在敌舰掉头南下时，进行截杀。不料"沙恩霍斯特"号战列巡洋舰和"格奈森诺"号战列巡洋舰自顾北上，直到24小时后，舰队驶达扬马延岛西侧，才转向东驶，然后在北极海域游弋徘徊——两舰北窜并非怯敌，而是为了诱开佛斯特峡湾口外的英国舰队，好让10艘满载登陆兵的德国驱逐舰只趁机冲进纳尔维克。

在入侵挪威的计划中，这本是德国海军总司令雷德尔精心设下的一个骗局。

★声望级战列巡洋舰

英国海军建造的一级战列巡洋舰，同级舰有"声望"号战列巡洋舰和"反击"号战列巡洋舰。

该级舰原来预算是建造复仇级战列舰的后两艘舰："声望"号和"反击"号。第一次世界大战爆发后，1914 年 8 月英国海军取消了这两艘复仇级的建造计划。日德兰海战证明了战列巡洋舰的作用，

英国皇家海军 "反击" 号战列巡洋舰

因此它们被设计成拥有高航速、装备大口径火炮、装甲相对薄弱的战列巡洋舰。两舰于1915年1月开工。采用长艏楼船型，外飘型舰首，适航性好。高航速被置于优先考虑的地位，动力装置采用多达42台燃油型锅炉。沿用复仇级战列舰的381毫米口径主炮，数量减少到6门。副炮安装在三联装炮塔中，全部位于露天甲板之上，提高了射界，减少了高速航行以及恶劣海况时海浪的影响。为了获得更高的航速，动力装置占用了很多重量，导致防御装甲占用的重量被削减，在当时英国海军在役的战列巡洋舰中，声望级战列巡洋舰的装甲防护水平算是最差的。其设计主导思想就是针对敌方的巡洋舰舰队，大口径火炮可以在敌舰射程外发起致命打击，高航速可以机动自如地逃避敌人的主力舰。由于舰体重量较轻，在全部主炮射击时，会发生剧烈震动。

 ## 3. 挪威港口争夺战

入侵挪威是德国三军首次协同作战，最高司令官是陆军将领法尔肯霍斯特，空军参战部队是第10航空队，海军设立了东线司令部和西线司令部，分别指挥波罗的海和挪威海的作战。几路德军分头行进，很快挪威的几大重要城市特隆赫姆、卑尔根、斯塔万格、克里斯蒂安森先后沦陷。只有挪威首都战斗激烈，直到1940年6

月 10 日下午，德军才拿下奥斯陆。

英国海军部眼见挪威易手，即令惠特沃思海军中将封锁佛斯特峡湾，严防纳粹驱逐舰外逃，同时电令其他舰队主力北上驰援。

两天内，挪威南部水域的作战捷报频传。10 日，15 架大鸥式轰炸机在卑尔根附近发现并炸沉了德国"柯尼斯堡"号巡洋舰。

11 日 4 时左右，18 架剑鱼式鱼雷轰炸机从"暴怒"号航空母舰起飞，在特隆赫姆附近攻击了两艘德国军舰。同日，潜伏在斯卡

从"暴怒"号上起飞的剑鱼式鱼雷轰炸机

"厌战"号战列舰

峡口的"剑鱼"号潜艇也一显身手，用鱼雷重创了德军"吕佐夫"
号袖珍战列舰。

福布斯一连两天未遇对手，一听说北部吃紧，便放心大胆地率
领本土舰队，向北开进。12日上午，福布斯收到海军部的命令：派
一艘战列舰和若干艘驱逐舰攻入纳尔维克，抢占这个重要港口。福
布斯令惠特沃思海军中将出马。

当夜，惠特沃思便将"声望"号战列巡洋舰、"反击"号战列
巡洋舰留给福布斯，继续监视"沙恩霍斯特"号战列巡洋舰和"格
奈森诺"号战列巡洋舰的动向，自己则登上了"厌战"号战列舰。

"厌战"号战列舰是一艘老式战列舰，它久经战阵，坚盔厚
甲，排水量31 000吨，装有8门381毫米主炮,8门152毫米副炮,
用它来对付德国驱逐舰自然不在话下。但是，佛斯特峡湾航道狭

窄，加上危石暗礁多，使它机动十分不便。它大胆进湾，至少要冒三种风险：一、水雷场；二、潜艇伏击；三、敌驱逐舰用鱼雷攻击。尽管如此，惠特沃思仍然不折不扣地执行了命令，于13日白天指挥"厌战"号战列舰和9艘驱逐舰，英勇无畏地闯入了峡湾腹地。

11时，舰队通过特兰诺灯塔。"厌战"号战列舰派出水上飞机，前往峡湾搜索。在赫尔扬斯湾，水上飞机首战告捷，猝不及防地击沉了一艘德国潜艇，同时，还发现了两艘德国驱逐舰。

一艘德国驱逐舰发射鱼雷

　　双方相距 7 海里，一艘德国军舰一边向湾内撤退，一边开炮。一会儿，便逃得不见踪影。另一艘企图躲到岩石背后，用鱼雷偷袭"厌战"号战列舰。可是，它的身影还未躲到岩石下方，就被水上飞机识破了机关。惠特沃思令右翼驱逐舰发射鱼雷，同时"厌战"号战列舰用大炮猛轰。仅片刻功夫，就将德国军舰炸得全身起火，无法动弹。

　　这时，有 4 艘德国军舰接到警报，已经启动出港。战斗在纳尔维克以西 12 海里水面激烈展开。英国驱逐舰机动灵活，冲锋在前；"厌战"号战列舰沉着压阵，主炮炮火猛烈。尽管德国军舰进行了拼死抵抗，但终究挡不住惠特沃思舰队，只有节节败退。13 时 50 分，一艘逃向赫尔扬斯湾的德国军舰刚要抢滩，便被穷追不舍的英国军舰用鱼雷击沉。余外 3 舰，则溜进了罗姆巴克斯湾。

　　至此惠特沃思已经稳操胜券。他分兵两路，一路去攻纳尔维克，一路追向罗姆巴克斯湾。纳尔维克港内有 3 艘受伤德国军舰，"厌战"号战列舰三下五除二地进行了一通猛轰，就将其中一艘打得七窍生烟。3 艘英国驱逐舰耀武扬威地冲进港内，用鱼雷击沉了另外 2 舰。

　　但是，惠特沃思也付出了重大代价，在德国军舰的顽强抗击下，一艘英国军舰受了重伤，被迫撤出战斗；一艘中弹，外撤时触礁坐底。

　　罗姆巴克斯湾在纳尔维克东北部，长约 9 公里。峡湾腰部细窄，宽仅 500 米。窄口处水流湍急，岩石危伏，加上两岸崖壁陡峭，地势分外险恶。"厌战"号战列舰舰体庞大，机动受到限制，只好临门却步，不敢贸然追入。它派水上飞机前行侦察，以便让飞机为火炮指示目标。4 艘驱逐舰则无所畏惧，依次进入。

刚过窄口，走在前面的"爱斯基摩"号驱逐舰顿遭埋伏，被躲在岩石背后的德国军舰用鱼雷击成重伤。"爱斯基摩"号驱逐舰舰首被炸飞，只好掉头返回。3 艘英国军舰勇往直前，和德国军舰拼死对射。有 2 艘舰的炮弹快打光了，另外一艘前主炮已经停止了射击，就在 3 舰无力再战的时候，惠特沃思又派来了 2 艘驱逐舰。两舰一过窄口，就看到一艘德国军舰撞上了岩石，已动弹不得，峡湾

被炸去舰首的"爱斯基摩"号驱逐舰

的尽头，3 艘德国军舰也自沉湾底。德国兵纷纷弃舰上岸，向山内逃窜。德国军舰同样打光了炮弹和鱼雷，它们孤军无援，唯有走此败着。两艘英国军舰大功告成，它们仔细地搜索了一遍峡湾，朝一艘搁浅的德国军舰补射了鱼雷，然后傲气十足地撤出了战场。

"厌战"号战列舰返回到纳尔维克港外的阵位，港内，除了 13 艘商船外，德国军舰已荡然无存。惠特沃思打算派陆战队冲上岸去，从德军手中夺下纳尔维克。但占领纳尔维克的 2000 名德军并非等闲之辈，英国陆战队兵力太少，使惠特沃思欲进不能，只有放弃登陆企图。

"厌战"号战列舰留在纳尔维克随时都会遭到潜艇伏击。事实上，德国空军第 10 航空队已多次出动飞机前来轰炸。惠特沃思见已完成作战任务，遂率领舰队，撤出了峡湾。

纳尔维克海战，英军大获全胜，将德国的 10 艘驱逐舰全数歼灭。但是，德军由于抢先行动，终归还是实现了自己的战略目标，牢牢地控制了挪威海岸的军事重镇。后来，皇家海军陆战队几次登陆都惨遭失败，被德军无情地赶下海来。

就在挪威之战打得激烈的时候，英法联军在法兰西战役中的失败已成定局。为了保卫岌岌可危的英国本土，丘吉尔首相被迫做出了从挪威北部撤回其全部武装力量的决定。

6 月 3 日，英国海军的"皇家方舟"号航空母舰和"光荣"号航空母舰驶进纳尔维克港，为撤退船队提供掩护。8 日早上，在收

"光荣"号航空母舰

回了本舰舰载机和皇家空军的格罗斯特斗士和飓风战斗机后，"光荣"号航空母舰开始向英国返航。

本来"皇家方舟"号航空母舰和"光荣"号航空母舰应编入2号护航队，随航速较慢的运输船一起回国。但由于燃料极度缺乏，"光荣"号航空母舰获得批准，允许其独自先行返回斯卡帕湾的本土舰队基地。这天3时53分，在北纬70°17′、西经14°10′附近海域，"光荣"号航空母舰脱离"皇家方舟"号航空母舰主力编队，取250°航向以22节航速返航，护航舰是2艘千吨级的"热心"号驱逐舰和"阿卡斯塔"号驱逐舰。

为了节省燃料，"光荣"号航空母舰将18座锅炉中的6座熄火，航速相应降低到 17 节。

对于英国的撤退行动，德国海军立即做出反应。

6月4日晨8时整，德国海军舰队司令马沙尔中将率领旗舰"格奈森诺"号战列巡洋舰和"沙恩霍斯特"号战列巡洋舰以及"希佩尔海军上将"号重巡洋舰从基尔解缆出航，矛头直指挪威西海。

德国海军司令部希望能在此拦截并消灭从纳尔维克撤退的英国船队。德国主力军舰另有"汉斯·洛德伊"号驱逐舰、"赫尔曼·舍曼"号驱逐舰、"艾里克·施泰因贝克"号驱逐舰和"卡尔·盖斯特"号驱逐舰护航，行动代号为"朱诺"。

经过3天紧张的航渡，德国舰队于8日清晨抵达预定作战海域。

德国人很快发现了一支运输队，并小有收获。"希佩尔海军上将"号重巡洋舰和"格奈森诺"号战列巡洋舰先后将"石油先锋"号油轮、"杜松"号武装拖网渔船和"奥拉马"号大型运兵船击沉。但马沙尔中将没有对"亚特兰蒂斯"号医院船

马沙尔

撒野，允许其自由返航。

13时30分，"希佩尔海军上将"号重巡洋舰和4艘驱逐舰向挪威中部的特隆赫姆港返航加油。德国战列舰则以"沙恩霍斯特"号战列巡洋舰领先，"格奈森诺"号战列巡洋舰跟进的队形继续向西北方向巡航，希望能碰上漏网的英国轮船。而此时的"光荣"号航空母舰编队正以250°航向向西南方向行驶。当时的能见度情况良好，西北风2-4级，由于接近北极，水温只有1℃左右。

下午16时46分，德国军舰编队以19节航速330°航向航行，已经航至北纬69°，西经3°10′附近海域。"沙恩霍斯特"号战列巡洋舰前桅瞭望平台上的古斯少尉候补生正集中精力观察。突然，他在目镜中发现了一缕青烟，用余光一闪回转刻度盘，方位大约在右舷60°。古斯立即激动地抓起电话向舰桥报告，一时间，"沙恩霍斯特"号战列巡洋舰上几乎所有的望远镜全部转向右舷。

在确认了目标方位后，"沙恩霍斯特"号战列巡洋舰以灯光信号向旗舰报告"右舷60°发现不明目标"。16时56分，"格奈森诺"号战列巡洋舰自己也发现了右舷的英国编队。2分钟后，"沙恩霍斯特"号战列巡洋舰确定不明目标为英国军舰，距离21.6海里。17时，旗舰发布了"准备战斗！"的战斗警报。"沙恩霍斯特"号战列巡洋舰轮机舱内，舰桥要求提供作战航行的最大速度。顿时，大功率透平压缩机和高压油泵咆哮起来，向熊熊燃烧的锅炉炉膛内泵入大量燃料和新鲜空气。德国军舰开始向右转向接近目标。到17时06分，德国军舰编队航向已改变为30°，航速也逐渐增加至24节。舰长命令打开测距仪和雷达，指挥室内的弹道计算器嗡嗡地运转起来求取射击时的最初数据。

这边英国人的情况却有些不可思议。

"光荣"号航空母舰上当时搭载有10架"海斗士"舰载战斗机和6架"剑鱼"（其中1架不能使用）鱼雷机，另外还有10架皇家空军的"飓风"和10架"斗士"战斗机。"光荣"号航空母舰已经历经了几个月的海上巡航，为了让疲惫不堪的舰员好好休息一下，"光荣"号航空母舰的奥尔斯舰长不但没有命令进行飞行侦察，反而将战备等级降为最低的四级战斗准备。结果，"光荣"号航空母舰桅顶的观察哨无人值更。

直到17时01分，"光荣"号航空母舰才发现了从西方出现的2艘奇怪的船。但"光荣"号航空母舰仍然没有立即警觉过来，它没有加速，没有改变航向，只是派出"热心"号驱逐舰前去核实目标身份，同时命令将5架"剑鱼"提升至飞行甲板，准备起飞侦察。

17时15分，"热心"号驱逐舰向德国军舰发出了灯光识别信号。

直到17时20分，"光荣"号航空母舰才发觉大事不妙，一边发出战斗警报和求救信号一边加速，试图避开德国舰队。"光荣"号航空母舰笨拙地向左转向，躲进"阿卡斯塔"号驱逐舰散布的烟幕中。它的飞机仍然没有起飞1架，被提升到飞行甲板上的2架

"剑鱼"还挂着深水炸弹。

就在"光荣"号航空母舰磨磨蹭蹭地规避时,"沙恩霍斯特"号战列巡洋舰的炮长洛维赫中校已经完成了对目标的测定。不过这次他将"光荣"号航空母舰误判为"皇家方舟"号航空母舰,同时德国军舰做了一系列连续转弯动作,到17时26分,德国军舰已转向至160°,航速26节。洛维赫中校命令用主炮射击航空母舰,副炮对付越来越近的"热心"号驱逐舰。

2艘德国战列舰上的炮塔缓缓转向左舷,推弹机平顺地将弹丸和药筒推进炮膛,关栓,火炮打到规定仰角,锁定,击发机保险解除!

★ "光荣"号航空母舰

"光荣"号航空母舰是英国海军第1艘全装甲武装航母,装备有当时世界上最先进的预警雷达系统和完备的防空火力体系,有舰载侦察机、歼击机和轰炸机几十架。1915年5月1日开工,1916年10月14日完工。1919年退役封存,1921年1月作为训练舰重新服役。1924年2月1日到1930年3月10日改装为航母,后重新服役。1934年5月1日到1935年7月23日进行了再次改装,加长了飞行甲板。

4. 击沉"光荣"号航空母舰

17 时 27 分，不耐烦的"格奈森诺"号战列巡洋舰终于忍不住向"热心"号驱逐舰打了一个齐射。开门红！1 发炮弹命中了"热心"号驱逐舰的 1 号锅炉舱，"热心"号驱逐舰匆忙左转舵藏入自己的烟幕中。5 分钟后，"沙恩霍斯特"号战列巡洋舰的 2 座艏炮塔对 2.6 公里外的"光荣"号航空母舰进行了第 1 次齐射。又过了 50 秒，洛维赫炮长观察到了近弹弹中。

"该死！近弹，快！表尺加 600，快！"命令迅速传达到炮塔内，炮手匆忙调整了火炮仰角。接着，"沙恩霍斯特"号战列巡洋舰射出了第 2 次齐射，却又得了远弹。这时，"光荣"号航空母舰上的 2 架"剑鱼"飞机已经换上鱼雷准备起飞了。

双方都意识动作必须快，生死就在一线间。

"沙恩霍斯特"号战列巡洋舰于 17 时 37 分进行了第 3 次齐射，1 发穿甲弹终于在 24.175 公里的距离上命中了"光荣"号航空母舰飞行甲板中部。炮弹在飞行甲板中央炸出了一个大洞，"光荣"号航空母舰再也不可能起降飞机了。

不仅如此，这发命中弹还诱发前机库大火，四散的弹片击穿了 2 座锅炉的进气道。现在的"光荣"号航空母舰已经丧失了自身的

从"沙恩霍斯特"号拍摄到的"格奈森诺"号主炮齐射瞬间

一切抵抗能力，只有寄希望于2艘护卫舰的保护才能脱险了。2艘德国战列舰的炮火却越来越准确，"光荣"号航空母舰接连中弹，全舰燃起大火并逐渐向右倾斜。

17时28分、43分、47分和55分，"热心"号驱逐舰对"沙恩霍斯特"号战列巡洋舰连续发起了4次鱼雷攻击。但德国军舰的水下听音器和瞭望哨每次都及时发现了来袭鱼雷的航迹，霍夫曼上校老练地操纵"沙恩霍斯特"号战列巡洋舰将所有的鱼雷全给躲了过去。

　　但由于"沙恩霍斯特"号战列巡洋舰轮机出现故障，无法维持 29 节航速。马沙尔中将决定就势变换队形，让"沙恩霍斯特"号战列巡洋舰留在后面对付"热心"号驱逐舰，自己先率"格奈森诺"号战列巡洋舰进逼击沉"光荣"号航空母舰。17 时 50 分，"格奈森诺"号战列巡洋舰舰首掀起巨波，以 30.5 节的高航速从右舷超过了"沙恩霍斯特"号战列巡洋舰，向"光荣"号航空母舰方向紧追不舍。

　　5 分钟后，"热心"号驱逐舰再次向"沙恩霍斯特"号战列巡洋舰发射鱼雷，但仍未命中。

　　17 时 56 分，一发 279 毫米炮弹命中"光荣"号航空母舰舰桥，将包括奥尔斯舰长在内的几乎前部舰桥军官炸死，只得由副舰长洛威中校接替指挥。但"阿卡斯塔"号驱逐舰的烟幕逐渐将"光荣"

航行中的"沙恩霍斯特"号和"格奈森诺"号

号航空母舰裹得严严实实,几分钟后,德国战列舰就因丢失目标被迫停止射击。

18时22分,"沙恩霍斯特"号战列巡洋舰的主炮再次对23.45公里开外的"光荣"号航空母舰开火。由于"光荣"号航空母舰航速不断降低,"格奈森诺"号战列巡洋舰和"沙恩霍斯特"号战列巡洋舰越来越近。"阿卡斯塔"号驱逐舰舰长格拉斯福特中校意识到单靠消极的释放烟幕已经不能保护"光荣"号航空母舰了。他果断的操舰脱离"光荣"号航空母舰,向西加速航行。

18时33分,"阿卡斯塔"号驱逐舰在7公里的最大有效射程上,用第2、3、6和7号鱼雷管向正以150°航向追击"光荣"号航空母舰的"沙恩霍斯特"号战列巡洋舰右舷发射4条鱼雷。"沙恩霍斯特"号战列巡洋舰当时打得正起劲,只是将航向短时转向到170°试图避开英国鱼雷。"沙恩霍斯特"号战列巡洋舰急急忙忙转回150°,继续对"光荣"号航空母舰开火。"阿卡斯塔"号驱逐舰完成攻击后迅速躲进自己的烟幕中,然后高速从"沙恩霍斯特"号战列巡洋舰首方向穿过,它虽然被150毫米炮弹命中,但仍然向"沙恩霍斯特"号战列巡洋舰左舷发射了剩余的4条鱼雷。

18时39分,"格奈森诺"号战列巡洋舰从不到9公里距离上对"光荣"号航空母舰进行了最后一次齐射。也许霍夫曼上校认为英国在如此远距离的攻击根本就是失去理智的疯狂行为,也许是他认为已经躲过了多次鱼雷攻击,福大命大的"沙恩霍斯特"号战列巡洋舰是永远也不会被击中的。因为德国人最后这次漫不经心的防鱼雷规避机动，使得他们付出了沉重的代价。

"阿卡斯塔"号驱逐舰发射的 1 条鱼雷命中"沙恩霍斯特"号战列巡洋舰 C 炮塔正下方的 III — IV 舱连接部，360 公斤高爆炸药在舰壳上撕开了一个 14 米长、6 米宽的大口子。单薄的防鱼雷隔舱形同虚设，内侧的水密纵隔板被炸塌，大量海水涌入 C 炮塔弹药库、IV 号副炮塔弹药库和 1、3 号轮机舱。

德国轮机兵抄起监听棒紧贴到轮机外壳，希望轮机能在爆炸中幸免。但不幸的是，他们听到的却是从机壳内部传出的越来越大的机械杂音。

为了避免两台轮机彻底报废，里博哈特轮机长不得不命令将出现故障的右舷和中央涡轮机全部关闭。由于不可能将进水舱室里的油水排干，德国人放弃了在航渡中修复涡轮机的念头。"沙恩霍斯特"号战列巡洋舰只能依靠左舷螺旋桨推进，航速最后降低到 20 节。右舷 II、III、IV、V、VI 舱合计进水约 2500 吨，舰尾吃水比舰首增加了 3 米。损管人员向右舷燃油抽到左舷油舱内，将横倾减小到右倾 1°。

"沙恩霍斯特"号战列巡洋舰中雷后暂时停止射击。"格奈森诺"号战列巡洋舰马上将火力从奄奄一息的"光荣"号航空母舰转移到"阿卡斯塔"号驱逐舰上来。由于有了"沙恩霍斯特"号战列巡洋舰的教训，"格奈森诺"号战列巡洋舰格外小心谨慎，它始终避免进入"阿卡斯塔"号驱逐舰鱼雷射程以内。随后 2 艘德国战列舰密集的副炮火力覆盖了"阿卡斯塔"号驱逐舰,但"阿卡斯塔"号驱逐舰仍然继续回击,它的 1 发 120 毫米炮弹还击中了"沙恩霍斯特"号战列巡洋舰 B 炮塔的右侧火炮身管。

但这场光荣的海战已经接近尾声了。

19 时 08 分,伤痕累累的"光荣"号航空母舰沉没,"阿卡斯塔"号驱逐舰于 9 分钟后在"光荣"号航空母舰东北约 4 公里的洋面上消失。19 时 22 分,"格奈森诺"号战列巡洋舰下达了战斗结束的命令。

疲惫的德国舰员真正轻松下来,谁能料到,如此弱小的英国人竟会给自己带来这么多的麻烦!在这场战斗中,"沙恩霍斯特"号战列巡洋舰和"格奈森诺"号战列巡洋舰分别消耗了 212 发和 175 发 280 毫米炮弹。

3 艘英国军舰沉没后,约有 900 余人爬上了救生艇,但由于害怕遭受攻击,德国军舰没有救捞 1 名英国水兵就匆匆撤退。而其他英国军舰根本不知道"光荣"号航空母舰遭此劫难。虽然当时适逢极昼,但北极地区蜡烛般的太阳根本无法带给英国落水舰员多少温暖,绝大部分缺乏食物的幸存者体力慢慢耗尽,直至冻僵死亡。

直到 6 月 10 日,一艘撤往英国的挪威货轮才救起了"光荣"号航空母舰的 3 名军官和 35 名水兵以及 1 名"阿卡斯塔"号驱逐舰的水手,1 架德国水上飞机后来又救起了 2 名"热心"号驱逐舰的舰员。

这样英舰编队最后仅有40余人获救，而多达1500名左右的皇家海军和空军人员不幸遇难。"沙恩霍斯特"号战列巡洋舰共有3名军官和45名水兵丧生，另有3人受伤。

这场海战中，"阿卡斯塔"号驱逐舰表现得很是英勇，唯一的幸存者、一等水兵卡特叙述如下：

我们的舰上像死一般的寂静。没有一个人说话。军舰现在正以全速避开敌舰。接着，传来了一大串的命令：准备所有的烟幕浮子，接连皮带管，各种其他的工作都准备就绪。我们这时仍在避开敌舰，并放出烟幕。我们所有的烟幕浮子全都放开了。舰长于是将下述命令传给各个作战岗位："你们也许以为我们正在躲避敌舰，准备逃脱，其实并不如此。我们的友舰'热心'号驱逐舰已被击沉了，'光荣'号航空母舰也正在沉没中，我们至少可以给他们一些颜色看看，祝你们幸运。"接着，我们改变航程，进入我们自己的烟幕。我奉命负责发射第6和第7鱼雷发射管。不久，我们穿出了烟幕，转向右舷改变航程，由左舷发射我们的鱼雷。这时，我才第一次瞥见敌舰，老实说，我似乎看到一艘大的军舰和一艘小的军舰。我们相距不远。我从我的船尾鱼雷管发射出两条鱼雷，最前面的发射管也正在发射鱼雷。我们都在注视着结果。这时欢声骤起，使我终生难忘。在一艘敌舰的左船头，黄色的光亮一闪，浓烟腾空而起，巨大的水柱向上直冲。我们知道我们已经击中目标了。我们既然如此靠近，我个人认为是绝不会击不中的。敌舰对我们一弹不发。我认为这次袭击完全出乎它的意料。

我们发射鱼雷后，又回到我们自己的烟幕中去，又向右舷改变航程。"准备发射剩余的鱼雷"，这次，我们刚将舰首伸出烟幕，敌舰就狠狠地打击我们。一颗炮弹击中了机器舱，击毙了我的鱼雷发射管的组员。我被抛到发射管的后头。我一定被打晕了一阵，因为当我醒来时，我的手臂疼痛。军舰已停止不动了，并向左舷侧倾斜着。

但是，精彩的插曲发生了，你相信也罢，不相信也罢。总之，我爬回到我的控制座，我看见那两条军舰，我发射了剩余的鱼雷，

"皇家方舟" 号航空母舰

没人叫我这样做，我猜想我是发狂了。只有上帝知道我为什么要发射鱼雷，但我发射了。

"阿卡斯塔"号驱逐舰的大炮正在不断地怒吼着，甚至舰侧已经倾斜，但仍开炮。后来敌舰打中了我们几次，在船尾正中发生了一次大爆炸。我时常怀疑是否敌舰使用了鱼雷来袭击我们？无论如何，这次的爆炸似乎将军舰从海面上悬空提了起来。最后，舰长下令弃船。我永远不能忘记那个上尉医官。这是他登上的第一艘军舰，他的第一次战斗。在我跳入海中以前，我看见他仍在治疗伤兵，这是一个绝望的工作。当我在海中时，我看见舰长靠在舰桥上，从烟盒里拿了一支烟抽着。我们向他喊叫着，要他到我们的艇里来。他挥手表示"再会，并祝你们幸运！"——一个勇敢的人，就这样结束了他的一生。

英国海军的这次失利，原因是多方面。在此前的一段时间，挪威北部和斯卡帕湾之间的这部分海域被认为是最安全的。"皇家方舟"号航空母舰和"光荣"号航空母舰在一两艘驱逐舰护航下往返多次，全部安然无恙。但没有料到偏偏就在最后一次遇上了德国主力军舰。英国皇家海军的无线电通讯制度的缺陷造成基地和附近的"皇家方舟"号航空母舰未能收到"光荣"号航空母舰的求救信号。

"光荣"号航空母舰以西60海里的"德文郡"号重巡洋舰曾收

到一份"光荣"号航空母舰含糊不清的电文。"德文郡"号重巡洋舰正搭载着挪威国王、政府成员和黄金储备向英国返航，重任在肩不敢贸然打破无线电静默。好心的奥尔斯舰长因为自己的仁慈付出了太大的代价，他确实让自己的部下舒服地休息了几个小时，但最终换来了一千多条生命死亡的结果。

如果"光荣"号航空母舰能保持 1～2 架飞机的空中巡逻，完全可以避开被屠杀的命运。说不定还能召唤其他英国军舰将 2 艘德国军舰一举围歼。由于护航舰只有 2 艘，只能在航母两侧提供反潜支援，不能前出侦察。如果能再有 2～3 艘驱逐舰伴随，"光荣"号航空母舰也不至于遭到这样的下场。

但 2 艘皇家海军驱逐舰的卓越表现可谓精彩绝伦，它们没有被占绝对优势的德国军舰压倒。"热心"号驱逐舰虽然未能命中"沙恩霍斯特"号战列巡洋舰，但多次迫使德国军舰转向规避，严重干扰了"沙恩霍斯特"号战列巡洋舰，使其无法对"光荣"号航空母舰进行持续有效的射击，为"光荣"号航空母舰和"阿卡斯塔"号驱逐舰的机动争取了时间。"阿卡斯塔"号驱逐舰的鱼雷攻击重创"沙恩霍斯特"号战列巡洋舰，使其在半年以内无法出动。"热心"号驱逐舰和"阿卡斯塔"号驱逐舰的勇敢行动也赢得了德军的钦佩和赞誉。"阿卡斯塔"号驱逐舰沉没后，马沙尔中将曾命令德国军舰将主桅上的战旗降下一半，全体舰员立正向其致敬。

★英德精彩对决

"沙恩霍斯特"号战列巡洋舰经过 2 次试射就命中远距目标，显示出其炮术人员卓尔不凡的战斗素养。在接下来的机动中，"沙恩霍斯特"号战列巡洋舰训练有素，连续躲过了"热心"号驱逐舰的鱼雷攻击。但德国军舰在火力和防护上占据压倒优势，赢得海战是天经地义的事情。"沙恩霍斯特"号战列巡洋舰在防御第 8 次鱼雷攻击时，仅仅将航向左转 20°，然后马上回到 150° 原航向，就是出于攻击上的考虑。但德国人万万没有料到，"阿卡斯塔"号驱逐舰的鱼雷居然能在这样远的距离上命中。由于"阿卡斯塔"号驱逐舰的鱼雷攻击实在太玄乎，德国人在一段时间内还怀疑究竟是不是英国潜艇打的。

第三章
大西洋 "虎鲨"

★ "沙恩霍斯特"号战列巡洋舰受到重创,不得不返回基尔港维修, "格奈森诺"号战列巡洋舰和"希佩尔海军上将"号重巡洋舰继续在 挪威附近海域游弋,但一无所获。

★ 在制定"莱茵演习"方案时,雷德尔没有打算动用"欧根亲王"号重 巡洋舰,只是"沙恩霍斯特"号战列巡洋舰主机发生故障,"格奈森 诺"号战列巡洋舰受伤,才让它仓促上阵。

★ 希特勒举行秘密军事会议。会议的中心议题就是关于德国海军"沙恩 霍斯特"号战列巡洋舰、"格奈森诺"号战列巡洋舰和"欧根亲王" 号重巡洋舰3艘大型水面舰艇的去向。

★ 一直到德军舰队驶抵勒图盖时,才被英军岸炮部队以目视发现,英军 228毫米的岸炮猛烈开火,但由于能见度太低,连续33次齐射竟无 一命中。

1. 希特勒四面救火

英国皇家海军吃了闷亏，恨恨不已，福布斯命令"皇家方舟"号航空母舰加入他的舰队。当时英方接到了各方情报，据称敌舰正在特隆赫姆，他希望从空中加以袭击。11日皇家空军轰炸机展开攻势，但无效果。

第二天早晨，"皇家方舟"号航空母舰的15架海上大鸥式飞机发动了俯冲轰炸袭击。它们前去袭击，被敌方侦察机预先获悉，结果反而损失了8架之多。最后，英国人还收获了一个更大的不幸，有一架海上大鸥式飞机所投的炸弹，正命中"沙恩霍斯特"号战列巡洋舰，但是没有爆炸。

首相丘吉尔回忆那段日子时，压抑中又带着必胜的信念：在这些悲剧正在进行时，从纳尔维克驶来的护航队安全地回到了它们的目的地。英国在挪威的战役于是便告结束。从这一切的残余和混乱的局面中，却出现了一

查尔斯·福布斯

个极其重要的事实，可能影响到战争的前途。德国人在和英国海军展开孤注一掷的战斗中，就这样断送了他们自己的海军，从而无法应付即将来临的战争高潮。在挪威沿海一带的历次海战中，盟国方面的损失，共计1艘航空母舰、2艘巡洋舰、1艘海岸炮舰和9艘驱逐舰。此外，还有6艘巡洋舰、2艘海岸炮舰和8艘驱逐舰受创，但可以修复。另一方面，到了1940年6月底，可以作战的德国舰队却只剩下一艘203毫米口径大炮的"希佩尔海军上将"号重巡洋舰，"沙恩霍斯特"号战列巡洋舰、"格奈森诺"号战列巡洋舰和4艘驱逐舰。

其实"沙恩霍斯特"号战列巡洋舰也受到重创，不得不返回基

"希佩尔海军上将"号重巡洋舰

尔港维修,"格奈森诺"号战列巡洋舰和"希佩尔海军上将"号重巡洋舰继续在挪威附近海域游弋,但一无所获。

6月20日午夜,英国"克劳德"号潜艇发现了德国舰艇编队,向其发射6枚鱼雷,其中有1枚命中"格奈森诺"号战列巡洋舰。"格奈森诺"号战列巡洋舰舰首被炸开一个洞穿两侧的大破口,只得终止行动返回基尔港。

虽然英国人在战略上藐视德国人,丘吉尔却很重视海军的建设,他给海军部写信时反复提到:我需要四五艘装甲极厚的军舰,我们想派它们到哪里去就能到哪里去,可以高枕无忧。此外还可以有能够在远洋执行任务的各种类型的舰只。但是,如果没有一队足以抵抗空中轰炸的大型军舰,我们是维持不下去的。

"克劳德"号潜艇

丘吉尔进一步指出：我们至少必须把另外五艘军舰改装成足以防御空中袭击的舰只，这就是说，即使遇到从 10 000 米高空投下的 1000 磅的穿甲炸弹袭击也不怕。这就需要结构上的改造，但改造的工作并不如设想的那么大。总得把炮塔拆去一两座，这样就减去至少有 2000 吨的重量，换成铺设 153 毫米或 178 毫米的钢板，只要舰身稳定限度许可，就尽量铺得厚些。拆去炮塔空出的地方，必须装上高射炮。

这就是把 8 门主炮减少为 4 门，但是 4 门 381 毫米口径的主炮，一定可以击沉"沙恩霍斯特"号战列巡洋舰或"格奈森诺"号战列巡洋舰。在德国新战列舰出现以前，我们必须把"英王乔治五世"号战列舰和"威尔士亲王"号战列舰先行完成。因此，我们要集中力量先完成五六艘，这样就有不怕空袭，而且能安排在英国海峡活动的军舰。高级的军舰便可专用于远洋活动。总之，把舰上的炮卸下来，加厚甲板。这是 1940 年的军事主题。

德国占领挪威、丹麦、法国后，海军元帅雷德尔奉命对在英国本土进行登陆做准备，雷德尔对希特勒申诉意见时称：应把争夺制空权列为登陆的先决条件。要使英国的空军，甚至海军都无法制止登陆行动。此外，还须开设一个没有水雷的区域，两侧却要布雷警戒，并准备必要的运输船只。同时，他做了大量工作，调集了总排水量为 700 000 吨的 168 艘运输船，还有 1910 艘驳船，419 艘拖船和 1600 艘汽艇，并尽可能给这些船只增加了特种装备。

装备 10 门 356 毫米主炮的英国新式战列舰 "威尔士亲王" 号

　　希特勒答应雷德尔，尽快一切准备就绪，但这种准备还是拖延了很久。另外，德国本想跟英国和平谈判，却遭到严厉拒绝。为此，希特勒在 1940 年 7 月 6 日发布了代号为 "海狮行动" 的入侵英国的命令。

　　预料到德国人的行动，英国人准备把本土舰队从斯卡帕湾调往罗赛斯，以便德国人在英吉利海峡出现时能快速向南挺进。皇家海军甚至想把用于护航的舰船抽调回来加强英国本土的防卫。然而，英国人深知在这种情况下他们的第一道防线是皇家空军。如果敌人不掌握海峡上的制空权，是不可能入侵的。这就意味着德国要摧毁皇家空军的战斗机。

　　雷德尔预料到了元首的意图，已让他的参谋人员拟出了入侵计划。但从希特勒那儿他得到了一份由陆军起草的计划。它要求从泰晤士河口附近的拉姆斯盖特直到怀特岛的 321 公里沿线登陆。雷德尔解释说，德国海军没有在这样宽的地面上登陆的能力。而且，即使海军有这样的能力，严重损坏的法国港口也担负不了这样的行动。他提出了一个较为节制的在多佛尔和比奇角之间登陆的建议。对此，陆军参谋总长嗤之以鼻："我最好把我的部队直接从灌肠机里送到岸上。"雷德尔冷冷地回答说，他要把部队送到岸上而不是送到海底。

最后，采取了一个既不适合陆军也不适合海军的折中的方案。但是陆军和海军的一致看法是，如果德国空军不首先击垮皇家空军，任何计划都是不切实际的。结果他们把球踢给了空军司令赫尔曼·戈林元帅。

戈林在 8 月 12 日向英国发起了进攻。首先派飞机轰炸英国那些能直接用于空战的机场和雷达站。

在短短的几天里，几百架轰炸机和战斗机出现在英国上空。他们的损失是巨大的，但他

赫尔曼·戈林

们宣称英国飞机的损失更大——事实上，英国击落的飞机几乎是自己损失的飞机的两倍。接近或在英国本土上空作战对英国有利，但更有利的因素在于英国人从他们的雷达得到早期预警。他们甚至通过破译截获的德国空军无线电通信而获得更早的警报。提前掌握了德国人进攻的时间和目标后，英国的喷火式战斗机几乎总是先在空中等待德国人的到来。

几架德国轰炸机因为迷航向伦敦市中心投掷了炸弹。为了报复，英国首相丘吉尔下令英国空军出动飞机，轰炸柏林。这是戈林曾发誓在他统率空军期间永远不可能发生的事情。戈林元帅的反应是把轰炸的重点从战斗机机场、雷达站转到英国城市，致使他失去了战胜皇家空军的机会。

希特勒从一开始就怀疑他的部队能否安全地通过英吉利海峡，现在更认为那是不可能的了。他命令把"海狮行动"推迟到明年春天，一个月后，他完全取消了这个计划。从 1940 年 8 月到 10 月的英国空战中，德国空军损失了 1733 架飞机，英国皇家空军损失 915 架。

1940 年 12 月中旬，希特勒又宣布了"巴巴罗萨行动"——入侵苏联的战备命令。在发动新的攻势之前，他不得不把兵力转向北非和希腊，以救援受挫的意大利部队。随着他的战略东移，在他的背后还有没被击败的顽抗的英国，他还要在西欧保留 49 个师的兵力守卫大西洋海岸。这样，德国的力量被分散，显然没有足够的人

力或物力来征服、占领
和保卫这么多的地方。

希特勒虽然放弃了
登陆英国，尽管如此，
雷德尔仍把德国海军作
战的重点放在英国，但
让雷德尔头疼的是，总
是坏事的盟友意大利出
了大问题。

意大利元首墨索里
尼下令部队进攻希腊，

墨索里尼

遭到希腊人民的坚决抵抗。英国为了救盟友，派皇家空军和海军飞
机攻击意大利舰船，并在希腊克里特岛的苏扎湾建立了前方海军基
地。

克里特岛的地理位置相当重要，在地中海之上，挨着好几个国
家，能作为非洲、欧洲战场的物资中转站。此刻在埃及，英国的西
线沙漠部队已增加到 36 000 人和 275 辆坦克，成为后来英军第 8 集
团军的核心，意大利军队接连失败。

希特勒知道，虽然有别的负担，但是他不得不马上去营救意
大利人，消除轴心国在地中海地区的倒霉形象，无论是在信誉上
还是在政治上都是重要的。更重要的是他不得不加强轴心国在地

中海的防御，以防止这个地区对他将要入侵苏联的部队的右翼构成任何威胁。

为了直接支援在希腊和阿尔巴尼亚的意军，希特勒的部队占领了南斯拉夫、罗马尼亚和保加利亚；为了救援在北非的意军，他把陆军少将埃尔温·隆美尔的机械化部队派到利比亚，并从挪威向卡拉布里亚地区和西西里的机场运送了第10航空队的500架受过攻击舰船专门训练的飞机。

第10航空队的任务是保护轴心国向北非的船运，阻止英国护航运输队通过地中海以及用飞机攻击轴心国船只。

★海狮行动

二战开始不久，德国的目光就盯上了英伦三岛。为尽快征服英国，希特勒亲自拟定了名为"海狮"的行动计划：德军空军充当先锋轰炸，海军紧接着运输大量部队踏上英国本土。

德国空军为迅速夺取制空权，袭击的重点为英国空军的机场，其特点是空袭活动极其频繁，1940年8月中下旬开始，德国空军每天出动1000多架次，10天内对英国12个空军基地进行了不间断和摧毁性打击。如果德国空军继续袭击，英国空军将无法支持。

可就在这关键时刻，希特勒却鬼使神差地改变主意，将空袭的重点转为轰炸伦敦。这就使英国空军得到了喘息的机会，化险为夷。这是偶然条件影响了战争的进程。1940年8月25日，英国空军派出 81 架轰炸机准备空袭德国本土，主要目标是德军机场和工业基地。但那天天气不好，空中云厚雾浓，有几架轰炸机迷失了航向，糊里糊涂地飞到柏林上空投下了炸弹。希特勒恼羞成怒，也把矛头指向了伦敦。

英军这几个轰炸机组返航后，由于炸错了目标，受到严厉的训斥，甚至准备军法处置。这时发现，后继而来的德机轰炸目标已转向伦敦等主要城市。结果前线机场的压力大大减轻了。满身创伤、疲惫不堪的英国空军得到了宝贵的喘息机会，进行休整和补充。战后曾有人风趣地说，正是由于这几个机组迷航中的轰炸，拯救了英国空军，为粉碎德国的"海狮"计划立下了大功。

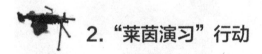 ## 2. "莱茵演习"行动

第 10 航空队不久就证明了它能高效地执行前两项任务。到1941 年 1 月中旬，它的俯冲轰炸机炸坏了 2 艘英国巡洋舰，其中 1 艘被重创只得遗弃。而且它们炸坏了当时正在护航的"卓越"号航空母舰，这艘航空母舰不得不去美国修理——从那以后，向西线沙漠部队提供的补给品一般要绕道非洲好望角。

4 月 6 日，德军在强大空军支援下侵入了希腊。希腊和英国部队被迫撤退。24 日希腊投降。英国人被迫面临又一次"敦刻尔克大

撤退"。

这次由于没有皇家空军阻击德国空军,撤退不得不选择晚上在宽阔的海滩上进行。这次撤退行动损失了25艘舰船,其中包括5艘医疗船,此外,还遗留下了1200名士兵、所有的坦克和其他装备。

由于克里特岛的战略地位重要,英国决定在此坚守,如果德国人企图靠两栖攻击夺取该岛,英国人本来可以守住的。5月21日晚,一支英国巡洋舰编队在克里特岛西侧航行时与驶向克里特岛途中的德国小船编队相遇,击沉德船15艘,4000多名德军淹死。

德国空降兵正在做空降准备

但德国人在战争中正尝试某种新的战术：以空军为先头部队和主要突击力量。主要攻击由 530 架运输机和 100 架滑翔机运送的 16 000 名士兵实施。另外 4000 名入侵者采用降落伞空降。

这些部队得到了从希腊本土起飞的德国空军强有力的支援，而英国人根本没有飞机支援，仅有几辆坦克，晚间他们再一次被迫撤退。

在支援克里特岛战役中，皇家海军损失了 3 艘巡洋舰、6 艘驱逐舰和 2000 人，13 艘其他舰船受创。德国损失 400 架飞机和 17 000 人，其中包括德国唯一的空降部队的 5000 人。

在英国力图保卫希腊和克里特岛而遭失败的同时，在埃及边界又出现了灾难。隆美尔率领的非洲军团在 1941 年 4 月 2 日向英军发起了进攻。中东战区司令韦维尔将军已经把最有作战经验的部队派往希腊，接替的是来自国内的未经训练的部队，削弱了的西线沙漠部队，无力抵御隆美尔的入侵。

形势危急，皇家海军再次充当海上运输队。几个月里，英国护航队第一次成功地将 238 辆坦克运到了埃及，韦维尔有了反攻能力，遏止了德国的进攻。在后来的一年半里，非洲北部的沙漠战争就像一场拉锯战，哪一边得到更多的援助，哪一边就前进一点。

隆美尔前进与后退的关键在于马耳他岛及马耳他机场。几乎位于地中海正中间的马耳他岛好像火车中转站，为来往的英国军舰提供补给。它也正好位于意大利到利比亚的正常航线上。马耳他的航空兵力强大时，轴心国的舰船有 2/5 被送入海底，而当它弱小时，

护航途中的英国 H 舰队水兵正在警戒

95% 以上的舰船可安全航行。

　　要想加强马耳他，只有不断地给它提供飞机以弥补空中格斗和空袭中机场上被毁飞机的损失，为给到马耳他的货船护航是英国 H 舰队和地中海舰队所面临的最危险紧张的任务之一。隆美尔的补给问题中的另一个因素是德军在对苏战役中补给品的需求量日益增长，德国人四处树敌，海军的运输能力几乎无力支撑各大战场。

　　在德军夺取克里特岛的作战中，雷德尔的海军首先把重武器、火炮和轻型高射炮运往岛上。途中船队遭到英国军舰的攻击，大部分船只连同载运的物资都沉入海底。德军轰炸机为此进行了报复，炸沉了英国巡洋舰和驱逐舰各两艘，重创了其两艘巡洋舰和一艘战列舰。

为了切断英国人的补给线，雷德尔将已经修好的 "沙恩霍斯特" 号战列巡洋舰、"格奈森诺" 号战列巡洋舰一起派往大西洋，在 2 个月的作战中共击沉船只 140 000 多吨。1941 年 3 月 15 日，两舰俘获 3 艘油船和击沉 1 艘油船。16 日发现了一些掉队的运输船只，两舰共击沉了 13 艘。

当 "沙恩霍斯特" 号战列巡洋舰和 "格奈森诺" 号战列巡洋舰返回时，英国本土舰队部署在其归航的航道上进行堵截，本应俘虏和歼灭它们，但德国海军破译了伏击计划，命令两舰返回了德占法国港口布勒斯特。

两舰虎视大西洋，成了英国皇家海军的眼中钉、肉中刺，英国决定对两艘战舰进行空中打击。

1941 年 4 月 6 日，英国 4 架鱼雷机对 "格奈森诺" 号战列巡洋舰进行袭击，"格奈森诺" 号战列巡洋舰右舷被命中 1 条鱼雷，入干船坞进行修理。9 日夜，英国轰炸机穷追猛打，对布勒斯特海军造船厂的 "格奈森诺" 号战列巡洋舰进行攻击，"格奈森诺" 号战列巡洋舰被命中 4 颗 227 公斤穿甲弹，舰员死 72 人，伤 90 人。

尽管 "格奈森诺" 号战列巡洋舰受了伤，雷德尔却因军舰袭击战成功而大受鼓舞，决定派出被誉为世界上威力最大的 "俾斯麦" 号新战列舰，并伴之以新的重型巡洋舰 "欧根亲王" 号，行动代号：

"莱茵演习"。

"莱茵演习"的内核是派"俾斯麦"号战列舰和"欧根亲王"号重巡洋舰前往北大西洋，袭击盟国的护航运输队。"沙恩霍斯特"号战列巡洋舰和"格奈森诺"号战列巡洋舰曾双双出马，战功赫赫。对它们实施的打了就跑的战术，皇家海军似乎一时还无良策。雷德尔细细想过，"俾斯麦"号战列舰本事高强，让它出战，无疑能给英军以狠命打击。

本来，在制定"莱茵演习"方案时，雷德尔没有打算动用"欧根亲王"号重巡洋舰，只是"沙恩霍斯特"号战列巡洋舰主机发生故障，"格奈森诺"号战列巡洋舰受伤，才让它仓促上阵。

1941 年 5 月 20 日，一艘瑞典巡洋舰报告发现这两艘军舰在卡特加特海峡正径直朝挪威行驶。第二天，英国飞机在挪威卑尔根附近的峡湾对两艘军舰进行了侦察照相。

新任英国本土舰队司令，海军上将约翰·托维勋爵认为，这两艘军舰会在阴云掩护下看准机会进行突然袭击，于是他在挪威海通往大西洋的所有通道上都部署了军舰实施封锁。

在"俾斯麦"号战列舰上的海军上将京特·吕特晏斯，选择了冰岛北部的丹麦海峡。这是距离斯卡帕湾最远的通向外海的航道。在这里，他被英军"诺福克"号重巡洋舰和"萨福克"号重巡洋舰的雷达发现并跟踪监视。

当"俾斯麦"号战列舰到达大西洋的时候，吕特晏斯发现他的

"俾斯麦"号战列舰

军舰已被老牌战列巡洋舰"胡德"号和"威尔士亲王"号战列舰堵截。在这场短促激烈的交战中,"俾斯麦"号战列舰用一阵猛烈的炮火击中"胡德"号战列巡洋舰,炮弹穿透了"胡德"号战列巡洋舰的防护薄弱的甲板装甲,射入弹药库。在另一艘英国军舰上的观察哨兵带着恐怖的眼神中,这艘战列巡洋舰在一个巨大的火球中崩溃瓦解。

此时,"威尔士亲王"号战列舰也只有3门炮能够进行齐射,失去"胡德"号战列巡洋舰后,单舰作战显然是太困难了,它零星地向德国军舰还击。这时,"俾斯麦"号战列舰因燃料舱被击中而引起缓慢漏油,只好撤离战斗。

这个时候,英国海军部下了更大的决心,坚决要消灭"俾斯麦"号战列舰。他们命令海军中将萨默维尔的H舰队驶离直布罗陀,前往参加堵截"俾斯麦"号战列舰的行动。他们呼叫了"罗德尼"号战列舰和"拉米利斯"号战列舰停止护航加入追歼行列,"瑞文郡"号战列舰也全速驶离哈利法克斯出击。

被"威尔士亲王"号战列舰、"诺福克"号重巡洋舰和"萨福

"胡德"号战列巡洋舰

克"号重巡洋舰所追赶,"欧根亲王"号重巡洋舰和"俾斯麦"号战列舰紧急地向南航行,后面拖着一条长油迹。吕特晏斯决定必须马上让"俾斯麦"号战列舰返回布勒斯特去修理被打漏的油舱。"欧根亲王"号重巡洋舰不得不单独去继续执行袭击任务。

傍晚,吕特晏斯转向英国舰船并以几排齐射掩护"欧根亲王"号重巡洋舰脱离。夜里,"俾斯麦"号战列舰成功地摆脱了追击者朝法国航行。幸运的话,"俾斯麦"号战列舰在它的追捕者再次发现它之前,已进入了德国空军的掩护范围内。

在随后的数小时里,英国海军部和全体皇家海军处于紧张、忧虑之中。但到第二天 10 时 30 分,也就是 5 月 26 日,一架英国皇家空军海防司令部的卡塔利纳式水上巡逻机,在距布勒斯特以西750 海里的地方,侦察到了这艘德国战列舰。

此时,海面风大浪高,英国人开始实施包围。托维在"英王乔治五世"号战列舰上指挥着舰队,不久"罗德尼"号战列舰也加入行列,这是一次长途尾追战。萨默维尔中将率领他的 H 舰队从南面赶来,他派出"谢菲尔德"号巡洋舰进入阵位跟踪"俾斯麦"号战列舰,并命令"皇家方舟"号航空母舰开始攻击。第一次攻击没有奏效,第二次攻击大约在 21 时,投放的一枚鱼雷击中了"俾斯麦"号战列舰的舵机舱,左螺旋桨被炸毁,碎片卡住了舵机,无法操纵。巨大的军舰在风浪中不由自主地原地打转。

附近护航队中的护航舰"多塞特郡"号等 5 艘驱逐舰离开护航

队，趁着夜色和海上的暴风雨赶来包围"俾斯麦"号战列舰，可惜发射的鱼雷无一命中。"诺福克"号重巡洋舰最后也赶到了，5月27日接近9时，"乔治五世国王"号战列舰和"罗德尼"号战列舰再次投入战斗，猛烈的炮火打得德国战列舰陷入火海。

不久，"罗德尼"号战列舰上406毫米口径的火炮也开始轰鸣，不到1小时，"俾斯麦"号战列舰被打成一堆废铁，燃烧着，摇晃着在波涛浪谷中缓慢下沉。此时，托维下令撤离战斗，因为他的舰

"罗德尼"号战列舰上406毫米主炮

队所剩下的燃料仅仅够返航使用，"多塞特郡"号驱逐舰留在后面发射最后的 3 枚鱼雷。当"俾斯麦"号战列舰被第 3 枚雷击中的时候，倾斜着沉入海底。

英国海军取得这一胜利后，又对德国军舰停泊的港口进行了连续不断的空袭。德国海军"沙恩霍斯特"号战列巡洋舰和"格奈森诺"号战列巡洋舰以及从大西洋返航后同它们编在一起的"欧根亲王"号重巡洋舰接连受创，迫使雷德尔于 1942 年 2 月将这 3 艘军舰经加来海峡调回德国港口。

后来，除"格奈森诺"号战列巡洋舰外，雷德尔又将另两艘军舰调到了挪威，用于同驶往摩尔曼斯克的盟军护航运输队作战。

雷德尔是在夜幕下完成德国军舰撤出的，他躲过了海峡上空英国的巡逻飞机雷达。当英国人发现后再派飞机追击轰炸为时已晚，德国海军航空兵的强有力掩护击落了 43 架英国轰炸机。不过，胜利却是属于英国人的。他们迫使德国军舰不可能再在法国港口停泊，消除了他们的大西洋交通线所受到的经常性威胁。

此外，德国军舰"格奈森诺"号战列巡洋舰到达基尔港不久，英国飞机就使它遭到了重创，以致它直到战争结束也未能再参加作战。随后，德国军舰"欧根亲王"号重巡洋舰也被击伤：它在进入特隆赫姆时遭到英国潜艇的鱼雷攻击，失去战斗力达 5 个月之久。至此，德国海军重型舰只的作战停止了，潜艇部队开始担任海战的主角。

★ "欧根亲王"号重巡洋舰

德国第二次世界大战大型水面作战舰艇之一，是希佩尔海军上将级重巡洋舰的 3 号舰（该级共建造 5 艘，但实际上只完成 3 艘。分别为"希佩尔海军上将"号重巡洋舰、"布吕歇尔"号重巡洋舰和"欧根亲王"号重巡洋舰），名字来源于奥地利陆军元帅欧根亲王。

舰全长 212.5 米（较同级前两舰加长约 7 米），舰全宽 21.3 米，吃水 5.83 米

"欧根亲王"号重巡洋舰

动力装置：3 个叶轮机，12 座锅炉

轴数：3 轴

动力输出：133 000 马力

航速：32.5 节

续航力：6500/17 海里 / 节

主炮：4 座双联装 60 倍径 203 毫米主炮

防空兵器：6 座双联装 105 毫米防空炮，6 座双联装 37 毫米防空炮，8 门 20 毫米机关炮

鱼雷：4 座三联装 533 鱼雷发射管

舰载飞机：4 架阿拉多 196（Ar-196）式水上飞机

舰员：1760 人

 3. "瑟布鲁斯——雷霆"计划

　　雷德尔很了解英国的弱点，他极力主张在新条件下对英国航运进行更激烈的作战，在英国承受不住损失时才能指望取得决定性的胜利。他一直想使德国最高军事领导人明白，为了在最短时间内取得胜利，首先要在战争中集中基本力量去打败英国。雷德尔在 1940 年 12 月 20 日和 27 日呈交给希特勒的两份报告中都陈述了自己的看法。

12月20日，他指出，由于地中海东部出现了不利的情况，英国的地位已得到加强。还指出了美国援助的重要性，主张最大限度地集中力量对付英国，并且对打败英国之前就进攻苏联的计划表示怀疑。12月27日，他的语气更加坚决，声称德国武装力量全力以赴对主要敌人英国作战，是时局无可争议的要求。

雷德尔指出，潜艇是海上作战主要斗争手段，法国战败后，他们能在较为有利的条件下行动了。他们已不必从黑尔戈兰湾远航到英国的海上交通线（而过去这样做要耗费大量的油料），并缩小了潜艇的活动半径。德军潜艇再也不必由北迂回不列颠群岛了，因此他们就能在作战区域停留长得多的时间。近时间的海战中，德国潜艇击沉的船只占英国损失船只总数的2/3。德军潜艇和航空兵的袭击轰炸，使英国南海岸和东海岸的一切港口，其中包括伦敦港，实际上已陷于瘫痪。可是统帅部为建造潜艇和组建海军航空兵所做的事太少了。德国的全部军事潜力都必须用在加强对英作战方面，就是说，要发展海军和海军航空兵，任何分散力量的做法都会使战争拖延下去，使德国的胜利面临威胁。

不过雷德尔的一切努力都落空了，希特勒已决定东征苏联，要等结束这次东征以后才结束对英战争。于是，雷德尔只做到了他力所能及并早已着手准备做的一件事，就是在现有的舰艇建设计划范围内加强潜艇战。他还不断完善了潜艇对付护航运输队的战术，即如果一艘潜艇发现了护航运输队，就向其他潜艇发出召唤，并在所

潜艇部队司令邓尼茨陪同雷德尔在潜艇上视察

有潜艇编组队形实施联合攻击之前对其进行监视。一旦护航运输队进入远程轰炸机的活动半径，就要召唤远程轰炸机参加攻击。采用这种空中、水下新的攻击战术，顿使英国护航运输队的损失迅速大增，引起英国人的极大不安。

由于地中海的战局紧张，雷德尔在对大西洋英国交通线进行攻击的同时，为协助航空兵扭转局势，从 1941 年夏季起，就开始把潜艇调到意大利和希腊港口。使德国在地中海的潜水艇数量增加到 25 艘，这样，平均有 8 艘一直在作战。

11 月 3 日，德国潜艇在地中海西部击沉了英国"皇家方舟"号航空母舰。

11 月 25 日，英国支援登陆作战的"巴勒姆"号战列舰又在非洲海岸遭到鱼雷攻击而沉没。

"巴勒姆"号战列舰

12月19日，意大利潜艇潜入亚历山大港，把英国"伊丽莎白女王"号战列舰和"英勇"号战列舰炸得几个月不能使用。

12月底，由3艘巡洋舰和4艘驱逐舰编成的英国舰队企图拦截驶向的黎波里的德意军舰，结果触上了刚刚布设的水雷，损失巡洋舰和驱逐舰各1艘。到此，德国海军配合意大利海空军打开了地中海畅通无阻的航线。

地中海战局趋于好转，雷德尔手里有260艘潜艇，每月可有20艘参战。

就在德国的潜艇战逐渐形成规模时，美国参战了——1941年12月7日清晨，日本海军的航空母舰舰载飞机和微型潜艇突然袭击了美国海军太平洋舰队在夏威夷的基地珍珠港，太平洋战争由此爆发。这次袭击最终将美国卷入第二次世界大战。

在欧洲战争爆发时，罗斯福总统建立了中立的海军巡逻队，追踪和报告任何接近美国或西印度群岛的交战国的飞机、军舰或潜艇。一个月后，美国与其他美洲国家一起宣布了一条在加拿大以南围绕美洲的宽阔的安全带，并警告交战国不得在此区域内有任何军事行动。

在战争初期，虽然大多数美国人决定在冲突中保持中立，但是感情上没有中立。总的来说，美国人谴责德国政府的极权主义和侵略政策，德国政府虐待犹太人及其他少数民族的做法，激起了美国人的义愤。虽然美国颁布了"中立法案"，但也没有严守中立。因

被日军偷袭后的珍珠港

为根据美国"现金交易和运输自理"的政策，英、法的货船可以从美国运出他们购买的物资，而德国的船只却无法通过英国的封锁，英、法可以从美国购买武器而德国却不能。

尽管在美国人民中间有强烈的和平要求，美国政府还是开始了没有宣布的对德战争。1940年12月，罗斯福总统提出"租借"建议。根据这个建议，英国船只仍能从美国得到物资，只是"现金交易和运输自理"政策中的"现金交易"部分将被取消。与"驱逐舰——

海军基地"交易不同，这项建议要由国会批准。在广泛地听取意见后，1941 年 3 月，"租借法案"得到批准。"租借法案"允许美国以租借方式向英国及后来向苏联提供军需品而避开了战争借款的老问题。英、美官员在华盛顿秘密会晤，签署了《美、英、加参谋长一号协定》，美国海军将协助英国横穿大西洋的护航运输队，并且一旦美国被迫与日本及欧洲轴心国交战时，将主要针对德国作战。

到了 1941 年底，日本人在亚洲放了一把火，无意烧着了盟军德国。

1942 年，第二次世界大战已经在世界范围全面展开。在各个战场上，轴心国取得了一个又一个令人惊叹的胜利，但是随着实力强大的美国参战，胜利的天平正在开始一点点逐渐向同盟国一方倾斜。

1 月 12 日，纳粹德国海军司令雷德尔元帅、空军参谋长耶修尼克上将和战斗机部队司令加兰德中将等人奉召来到"狼穴"——希特勒在东普鲁士的官邸，举行秘密军事会议。会议的中心议题就是关于德国海军"沙恩霍斯特"号战列巡洋舰、"格奈森诺"号战列巡洋舰和"欧根亲王"号巡洋舰 3 艘大型水面舰艇的去向。

1941 年，"沙恩霍斯特"号战列巡洋舰和"格奈森诺"号战列巡洋舰结束了长达两个月的代号"四轮车"行动的海上游猎后，带着击沉 22 艘运输船，总吨位达 115 000 吨的辉煌战绩回到法国布勒斯特港。而德国海军最强大的"俾斯麦"号战列舰被击沉后，这两艘姊妹舰便成为德国海军最强大的水面舰艇，更是成为英国海军的眼中钉，一心要将其置之死地而后快。英国海军不仅在直布罗陀和斯卡帕湾分别部署了H舰队和本土舰队，从南北两面进行严密封堵，而且不断派出飞机轰炸布勒斯特港，使得这3艘德国颇有实力的大型军舰被困在布勒斯特港，难以施展身手。希特勒召开的此次军事会议就是围绕着如何使这3艘军舰摆脱困境。

希特勒发现美国参战后，正在大量加强对苏联的援助，在苏联战场上发现越来越多的英美武器就说明这点，而北极航线是英美援

"狼穴"里的希特勒与纳粹军官

助苏联最重要的海上交通线。何况元首的直觉又认为同盟国正在积极准备进攻北欧的挪威，很有必要增强德国在挪威的军事力量。因此决定将这 3 艘无所事事的主力军舰先调回本土，再派往挪威。

从德占法国布勒斯特到德国本土主要有两条航线，一是经爱尔兰绕过英国的西航线，另一条则是直接穿越英吉利海峡的东航线。

西航线航行距离较远，在德国空军作战半径之外，很容易遭到英国本土强大海空力量的围追堵截。东航线航行距离虽短，但在德国空军的作战半径内，可以得到德同空军的空中掩护，但是要穿越英国海军的禁区——英吉利海峡，海峡中英军不仅布有大片水雷区，而且英军在多佛尔部署的大口径岸炮，可以有效封锁海峡。在沿海峡的港湾中，英军还驻有大量的驱逐舰和鱼雷艇部队，英国海军强大的本土舰队就在海峡北面的斯卡帕湾，也能随时出动拦截。

看来两条航线都是极其凶险的，希特勒看了一眼地图，指着英吉利海峡说："就走东航线！"所有在座的德国海空军高级将领都被这句话惊呆了！自从 1588 年格拉夫林海战和 1805 年特拉法尔加海战后，还没有任何一支敌对国家的海军敢于挑战大英帝国的海上尊严，胆敢公然穿越大英帝国后花园的"水渠"——英吉利海峡！

希特勒环视了一眼目瞪口呆的高级将领，冷冷地扔出一句硬邦邦的话："幸运从来都是只眷顾冒险者的！"

希特勒的话怎么能够违背，德国海空军将领们只好遵照元首的意见开始制订计划。

以德国人特有的认真和细致，作战计划分为两部分，海军负责在英吉利海峡密布的水雷区里清扫出一条航道以及在整个突破过程中可能出现的防空作战和海上作战，还有最重要的战役欺骗，涉及海军的作战代号是"瑟布鲁斯"，瑟布鲁斯是希腊神话中地狱的看门狗，一条长着3个头和尾巴，凶猛无比的恶犬，后来是由大力士赫尔克里斯将它制服并从地狱带回。

在西方的传统里，赫尔克里斯制服瑟布鲁斯，简直就是一项

英国 MTB 鱼雷艇

不可能完成的任务，德国海军之所以选择这一代号，其中的潜台词不言而喻。空军负责为舰队的整个行动提供空中掩护，作战代号为"雷霆"，整个突破英吉利海峡的作战代号就合称为"瑟布鲁斯——雷霆"。

随着对作战计划的深入研究，德军发现希特勒的话竟然有几分道理，正是因为英军在英吉利海峡设防严密，便自信地认为德军不敢轻易穿越，思想上比较麻痹，只要采取严格的保密措施和伪装欺骗，达成行动的隐蔽性和突然性，由于东航线距离较短，完全可能还不等英军作出反应，舰队就已经突破英吉利海峡顺利到家了。

德军深知此次行动成功的关键就是保密和伪装欺骗，因此在这两方面确实狠下了一番工夫。

在整个行动计划的拟制与准备阶段，直至行动正式开始前的最后一分钟，知道整个计划详情的，也只有极少数高级将领。还为行动虚构了多个欺骗性质的作战计划，作为蒙骗同盟国情报计划机关的烟雾，而真实作战计划的保密措施相当严密。这在德军整个第二次世界大战中，都极为罕见。

行动总指挥是德国海军优秀的水面舰艇指挥官奥托·西里阿科斯海军中将，他在战役伪装欺骗方面也是煞费苦心，他通过各种渠道，散布这三艘军舰将开赴大西洋或太平洋作战，还在巴黎大张旗鼓地采购大批热带军服和遮阳墨镜，并故意委托法国海军准备专供热带地区使用的火炮润滑油，造成南下热带地区作战的假象。

★希特勒主张撤回"沙恩霍斯特"号战列巡洋舰

为了鼓舞士气，希特勒说道："驻在布勒斯特的海军部队尤其起了一种可嘉的作用，它牵制了敌方空军，使它们不能向德国本土进行攻击。只要这几艘舰只完整无损，敌人认为不得不进攻，那么这种有利的形势就会继续存在。我们的舰只驻在布勒斯特，能把敌方海军牵制起来。如果把它们调驻挪威，也是一样可能的。如果我认为这些舰只在四五个月内有保持完整无损的可能，随后由于全局的改观，可以用来从事大西洋的战斗，那么，我就会更愿意让它们留在布勒斯特。但是在我看来，形势不见得会这样发展，我决定把它们撤出，以免它们因暴露而每天都有遭到袭击的可能。"

4.智闯英吉利海峡

除了严格的保密和精心设计的欺骗伪装外，德国海空军还进行了非常认真细致的准备工作。

首先是气象方面，英吉利海峡是世界上著名的风浪海区，因此气象条件对此次行动影响极大，德军专门请求潜艇部队司令邓尼茨从数量有限的作战潜艇中抽调出3艘潜艇对海峡的天气、水文和潮汐进行了缜密地侦察，再结合其他途径得到的天气、水文和潮汐资料，由资深的技术专家统计分析，最后确定行动的最佳日期为2月11日至13日。

这三天中，迷信的德军考虑到2月13日是星期五，正是西方传统里最倒霉的日子——黑色星期五，所以德军确定2月11日晚开始行动，12日白天通过海峡，避开这个不吉利的日子。

从1942年1月中旬起，德国海军总共出动第1、第2、第3、第5和第12扫雷艇支队以及第2、第3和第4摩托扫雷艇支队，共约80艘扫雷舰艇对英吉利海峡和北海南部海域进行了持续近1个月的大规模扫雷作业，共清扫出98枚锚雷和21枚磁性水雷，为舰队开辟出一条安全航道。在此次扫雷行动中德军损失驱逐舰和扫雷艇各一艘。

而德军的其他各项准备工作也在有条不紊地进行着，1月底到2月初，德军计划参加行动的战斗机部队和3艘军舰进行了为期8天的联合演习，以加强相互之间的协同。

根据联合演习中暴露出的问题，德国空军决定在行动时派通讯业务能力过硬的依贝尔上校担任海空联络组长，就在舰队旗舰"沙恩霍斯特"号战列巡洋舰上工作，以保证海空军之间的联络及时畅通，并在每艘军舰上都加装了对空、对岸电台，以确保海空、海岸联系万无一失。

德国空军计划投入第2和第26战斗机大队，共180架Me-109

式战斗机和 Fw-190 式战斗机，另有 60 架 Me-109 式战斗机和 30 架 Me-110 式战斗机为预备队，保证舰队上空每时每刻都有 36 架战斗机掩护。并将整个航行区域划分为 3 个区域，由各战斗机大队分区承包，在各个机场配备了足够数量的地勤人员和设备，以便使飞机能在着陆后半小时内完成加油加弹重新起飞。

各机场与指挥部之间采用多线路通讯网联系，并额外加配了一部带高速密码机的长波电台，确保通讯畅通。此外还有空军通讯情报室主任沃尔夫·马蒂尼少将积极准备软杀伤手段，在舰队行动时对英国设在海峡沿岸的雷达站进行电子干扰，为舰队撑开一把电子保护伞。

德国空军的 Me-109 式战斗机

德国空军正在准备起飞的 Fw-190 式战斗机

从 2 月 11 日下午开始，德军在布勒斯特港区实行戒严，淡水、食品、燃料和弹药被运上军舰，同时在码头上大批卡车开足马力发动的噪音掩盖中，3 艘军舰开始试航。

戒严确实起到了保密作用，一位在港区的抵抗运动战士亲眼看到了 3 艘军舰升火起锚，但是无法回家将情报传递出去。

黄昏时分，西里阿科斯向设在各地的海空军指挥部发出密码电报："一切准备就绪！"同时，在布勒斯特最豪华的饭店，德国海军邀请当地社会名流的盛大宴会正在举行，这也是精心安排的伪装措施之一。

20 时 30 分，3 艘军舰准时起锚，以"沙恩霍斯特"号战列巡洋舰为首，"格奈森诺"号战列巡洋舰居中，"欧根亲王"号重巡洋舰断后的次序出港，由于长期没有出海，"欧根亲王"号重巡洋舰的锚链升到一半就被卡死，舰长林克曼上校担心错过行动的时间，迫不及待地下令砍断锚链。当时天黑雾浓，能见度很低，"沙恩霍斯特"号战列巡洋舰出港后不久就迷失了方向，舰长霍夫曼上校只好靠听友舰的发动机声音来航行。

舰队刚刚驶出港区，16架英军惠灵顿式轰炸机就隆隆飞来，3舰赶紧调头返回港内，并打开探照灯组织高射炮对空射击，英国飞机的轰炸纯粹是例行公事，没有一弹命中。等到英机消失在沉沉夜幕中，3舰才再次起航，此时已是22时45分了。

经过这一番折腾，比预定计划延迟了两个多小时，所以驶出布勒斯特港后3舰都以31节的最高航速前进，以尽量追回延迟的时间。

在这3艘大军舰的两边，是担负警戒的20艘护卫舰艇，包括第5驱逐舰支队的6艘驱逐舰"里夏德·拜兹恩"号驱逐舰、"保罗·雅各比"号驱逐舰、"赫尔曼·舍曼"号驱逐舰、"弗里德里希·伊恩"号驱逐舰、Z-25驱逐舰和Z-29驱逐舰；第2鱼雷艇支队的5艘鱼雷艇T-2鱼雷艇、T-4鱼雷艇、T-5鱼雷艇、T-11鱼雷艇和T-12鱼雷艇；第3鱼雷艇支队的4艘鱼雷艇T-13鱼雷艇、T-15鱼雷艇、T-16鱼雷艇和T-17鱼雷艇以及第5鱼雷艇支队的5艘鱼雷艇，"秃鹰"号鱼雷艇、"猎鹰"号鱼雷艇、"门尾鹫"号鱼雷艇、"臭猫"号鱼雷艇和"美洲虎"号鱼雷艇。

2月12日晨8时50分，经过大半夜的高速航行，又是顺风顺

惠灵顿式轰炸机

水，德国舰队竟然把出海时耽误的两个多小时全都补了回来，按照原计划准时驶过科汤坦半岛的阿格角，而英军对此还蒙在鼓里一无所知。

其实，英军对被困在布勒斯特的德军3艘主力军舰一直还是很关注的，毕竟这是德国海军最具威力的大型水面舰艇。而且也从一些蛛丝马迹中察觉到德军可能会有所行动，所以制定了代号"套锤"的监视拦截计划。

由于英吉利海峡在德国空军的作战范围内，为了避免遭到不必

德国S级鱼雷艇

要的损失，英国海军大型水面舰艇都部署在苏格兰北部，在海峡南部只有驱逐舰、鱼雷快艇等小型舰艇。所以要想挫败德军的突围企图，关键在于及时发现德军舰队的行动。而在 1 月下旬，英国就根据空中侦察和法国抵抗运动的报告，了解到 3 艘德国军舰已进行出海准备，出海是早晚的事情。

英国人并不笨，没有被德军的伪装与欺骗所蒙蔽，估计到了德军可能强行通过英吉利海峡，并且相当准确地推测出德军可能的行动日期是在 2 月 10 日至 15 日之间。但是英国人还是对自己的实力相当自信，认为德国海军是绝不会在白天通过海峡，最多是白天驶出布勒斯特港，利用无月光的高潮时刻（无月光可以避免遭到英军飞机的空袭，高潮时刻则可避开水雷的威胁），在夜间通过多佛尔海峡。

根据这一判断，英军在 2 月初就开始采取一些措施，如在德军舰队可能突围的韦桑岛至布伦航线上临时增布了 1000 余枚水雷；每天专门派遣了 1 艘潜艇在布勒斯特港外海域坐底，进行监视；定时派出飞机在韦桑岛、布勒斯特、勒阿佛尔直至布伦一带建立 3 道空中封锁线，定时派出飞机进行空中侦察巡逻；驻本土的部分飞行中队停止了日常训练，转场到东南部机场，随时准备出动拦截（但是这些飞行中队大多是由新飞行员组成的，战斗力并不高）。

既然有那么严密的监视措施，那么德军舰队的行动怎么会一直没被发现？

　　一方面自然要归咎于英军的麻痹轻敌，另一方面德军舰队推迟起航倒是因祸得福——当德军舰队 22 时 45 分第二次起航时，在布勒斯特港外监视的英军"海狮"号潜艇已经在 45 分钟前返航了。

　　因为英军制定的监视计划里，根据这 3 艘军舰的航速推算出如果德军军舰在 21 时 30 分前不出港，那么就不可能在夜间通过多佛尔海峡，所以只要求潜艇监视到 21 时 30 分就可以返航了。而空中封锁线更是破绽百出，第一封锁线的两架飞机，一架在德军舰队起航前就返航了，另一架飞机从舰队上空飞过，由于当晚云厚雾重飞行员肉眼没能发现德军舰队，而飞机上装备的雷达竟在关键时刻失灵（早期的机载雷达性能确实很不稳定），因此也没能发现德军舰队！第二封锁线的飞机则是因为雷达故障而干脆中断了巡逻返航，第三封锁线的飞机因为天气恶劣而取消了。

　　就这样，直到 12 日上午 10 时 14 分，德军舰队接近多佛尔海峡时，还没被英军发现。

　　10 时 42 分，3 架英军鱼雷机发现了德军舰队，并立即发电报告：德军 3 艘战列舰和 20 艘其他军舰正在高速逼近多佛尔海峡！德军"沙恩霍斯特"号战列巡洋舰桅杆上高高升起了蓝白相间的防空警戒旗，在指挥舰桥上穿着防水皮夹克、胸前别着潜艇部队徽章的西里阿科斯海军中将（他曾担任过潜艇艇长），一口喝干了杯子里的热咖啡，对着舰桥里的"沙恩霍斯特"号战列巡洋舰舰长霍夫曼海军上校和参谋人员说："先生们，我们的好运到头了！准备战斗！"

一面命令舰队进入最高戒备，一面向海空军各指挥部通报被英机发现这一消息。

德军部署在沿海机场的大批战斗机迅速进入高度战备，飞行员披挂整齐全部进入座舱，发动引擎，随时准备升空作战。

但是，出乎西里阿科斯的意料，英军指挥部接到飞机报告，在德军不可能白天通过多佛尔海峡的思维定势下，竟然认为飞行员看花了眼，根本没有当回事！而此时还有一架英军侦察机也发现了德军舰队，但是飞行员严格执行无线电静默的命令，没有及时用无线电报告，而是等飞回了基地才向上级报告，那时已经太晚了。

驶入多佛尔海峡后，由于海峡水浅，德军只好放慢了速度。11时25分，德军舰队驶抵多佛尔海峡最狭窄处，此时天公作美，下起了蒙蒙细雨，厚云低垂，能见度很低。而德军的电子干扰也达到最高潮！不但沿海各地面干扰站开足马力施放干扰，还有多架带有干扰设备的轰炸机飞临海峡上空实施强电子干扰，使英军沿海雷达站彻底瘫痪。

一直到德军舰队驶抵勒图盖时，才被英军岸炮部队以目视发现，英军228毫米的岸炮猛烈开火，但由于能见度太低，连续33次齐射竟无一命中，眼睁睁看着德国军舰没有任何损失驶出岸炮射程。直到此时，英军才终于清醒过来，但为时已晚！为了维护大英帝国的海权尊严，英国海军采取一切措施实施拦截。

最先赶来拦截的是从多佛尔和拉姆斯盖特两地出动的共8艘

摩托鱼雷快艇，这些快艇以 35 节的高速直扑德军舰队，冒着德军担负海上掩护的驱逐舰凶猛的炮火，勇敢地冲到距离战列舰炮 800 米处发射鱼雷，但是没有取得任何战果，反倒有 3 艘鱼雷艇被击伤。

接着是从曼斯顿机场紧急起飞的英军第 825 中队 6 架剑鱼式鱼雷轰炸机，领队机长是曾经参加过攻击德军"俾斯麦"号战列舰的埃斯蒙德少校，他深知战况紧急，所以没等护航战斗机起飞就匆匆率队投入攻击，这些时速仅 225 公里的帆布蒙皮没有装甲防护的老式飞机，在德国军舰密集对空火力和德军战斗机的联合打击下，损失惨重，甚至有架德军战斗机连炮弹都不愿浪费，猛地将机身压在单薄的剑鱼机尾上，将其彻底压垮！英军飞机还没等接近德国军舰就有 4 架被击落，其中就有埃斯蒙德少校，最后只有 2 架投下了鱼雷，也被德国军舰轻易规避过去，而这 2 架飞机也没逃脱被击落的厄运。这 6 架飞机上的 18 名机组人员中有 13 人阵亡，仅 5 人生还。埃斯蒙德少校牺牲后，因他在此次战斗中的英勇表现，被追授英军最高荣誉——维多利亚十字勋章。

英军接下来从康沃尔、朴次茅斯、曼斯顿、诺福克等机场出动一切可以出动的飞机，竭尽全力进行攻击，力求在海峡里击沉这 3 艘德国军舰。但是英军上到指挥员下至飞行员，根本没有想到德国军舰会在大白天闯入英吉利海峡，既没有预先计划，又没有应急方案，所有的准备都是仓促之行，甚至有的飞机连鱼雷都没有准备。

剑鱼式鱼雷轰炸机群

　　英军先后出动550架次轰炸机、360架次战斗机，却只有39架轰
炸机找到目标实施了攻击，投下千余吨炸弹，仅仅炸沉德军巡逻艇
V-1302，击伤2艘鱼雷艇，而攻击的主要目标3艘主力舰毫发无损。

　　反观德军，早有周密计划和充分准备，海空联络通畅，战斗机
在军舰上的联络组准确引导下，能及时占据有利阵位，与军舰的高
射火力形成有效的舰空协同火力，给予英机沉重打击。在激战中，

英军损失飞机 49 架, 德军仅损失飞机 17 架。

★多佛尔海峡

多佛尔海峡位于英吉利海峡的东部, 介于英国和法国之间（东经 1°30′, 北纬 51°0′）, 是连接北海与大西洋的通道。长 30 ～ 40 公里, 最窄处仅 28.8 公里, 大部分水深 24 ～ 50 米, 最深 64 米。它是国际航运要道, 西北欧 10 多个国家与世界各地之间的海上航线有许多从这里通过; 同时它又是欧洲大陆与英伦三岛之间距离最短的地方。主要港口有多佛尔（英国）、加来和敦刻尔克（法国）。1588 年, 英国同西班牙在此海战。1940 年, 英法两国军队从敦刻尔克经多佛尔海峡退入英国, 史称"敦刻尔克大撤退"。

第四章
英德恶战北海

★ "格奈森诺"号战列巡洋舰 280 毫米主炮的巨大炮弹准确落在英军 "伍斯特"号驱逐舰上，甲板被炸开了一个大缺门，舰桥被炸飞了一大块，轮机舱中弹起火，险些沉没。

★ 海军总司令托维率领英方主要的掩护力量——"约克公爵"号战列舰、"华盛顿"号战列舰、"胜利"号航空母舰，3 艘巡洋舰和一小队驱逐舰，进行巡逻警戒。

★ 海军部鉴于 PQ-17 运输船队的惨剧，建议至少在北方流冰群消融之前和极区白夜过去以后再开始北极运输船队的运输。

★ "吕佐夫"号袖珍战列舰此时趁机逼近失去护航的运输队，并向其发射了 87 发 280 毫米炮弹和 75 发 150 毫米炮弹，但由于能见度极低，海面上又弥漫着英军施放的烟幕，炮弹竟无一命中。

1. 英国人的尴尬

激烈的海空战后，德军舰队顺利通过了多佛尔海峡！驶到了海峡外宽阔的荷兰海域，最可怕的危险已经过去了，3艘德国军舰航速恢复到27节，胜利似乎已在招手！

当德军舰队强行突破多佛尔海峡的消息传开时，英国海军能够来得及拦截的水面舰艇就只有在多佛尔海峡北口约110公里的哈里奇港的6艘驱逐舰：第21驱逐舰队的"坎贝尔"号驱逐舰、"快活"号驱逐舰以及第16驱逐舰队的"麦凯"号驱逐舰、"惠特谢德"号驱逐舰、"伍斯特"号驱逐舰和"沃波尔"号驱逐舰。

这6艘全是舰龄超过20年的老式V/W级驱逐舰或斯科特级驱逐舰，一般情况下只是为运输船进行护航，对付德军的潜艇和鱼雷艇之类的小型舰艇，现在要拦截德军主力舰，简直是以卵击石！但驱逐舰队指挥官皮兹上校毫无畏惧，立即率领驱逐舰出海。

在这支驱逐舰小部队身上，总算体现了几分英国海军的传统精神，他们不顾水雷密布，不顾风大浪急，终于在12日15时10分，迎头拦住德军舰队。德国军舰上的瞭望员从望远镜看到逼近的英国驱逐舰时，不禁大为吃惊。令他们吃惊不是英国海军终于来了，而是堂堂的大英帝国海军派来对阵的居然是那么几艘老掉

英国老式 V/W 级驱逐舰为航空母舰护航

牙的驱逐舰！

　　皮兹上校面对绝对优势之敌，勇敢地组织了攻击——驱逐舰向德国军舰直冲过去，兵分两路，3 艘攻击"格奈森诺"号战列巡洋舰，另 3 艘则攻击"欧根亲王"号重巡洋舰，抢占有利阵位准备采取鱼雷攻击。德军"格奈森诺"号战列巡洋舰和几艘驱逐舰迅速转向，以舷侧对准英军驱逐舰来袭方向，猛烈开火。"格奈森诺"号战列巡洋舰 280 毫米主炮的巨大炮弹准确落在英军"伍斯特"号驱逐舰上，甲板被炸开了一个大缺口，舰桥被炸飞了一大块，轮机舱中弹起火，险些沉没。"伍斯特"号驱逐舰后来奇迹般地返回了哈里奇港，体现了这些英国老式驱逐舰极佳的操纵性和生存性。

接着"格奈森诺"号战列巡洋舰又调转炮口向其他两艘英国军舰轰击，由于德国军舰火力实在太猛，英国军舰只好施放烟雾退出战斗。而攻击"欧根亲王"号重巡洋舰的 3 艘英国军舰也在德国军舰猛烈炮火拦截下无功而返。皇家海军最后的努力还是毫无收获。

心有不甘的英军还是不断派出飞机前来攻击，但是天色渐黑，加上德军战斗机和军舰高炮共同编织起的密集防空火力网，只得空手而回，但是英军飞机在最后一刻还是布下了暗箭，在德军舰队的航线前方又空投布设了大量水雷。18 时左右，英军持续了整整 6 个小时的拦截与攻击终于无奈地落下了帷幕。

12 日下午，德军舰队终于突破了英国海空军的层层堵截，3 艘主力军舰毫发无损地驶出英吉利海峡。西里阿科斯心情大为轻松，斟上一杯咖啡，还没端起杯子，一声巨大的爆炸，"沙恩霍斯特"号战列巡洋舰剧烈摇晃起来，舰桥里的灯光全部熄灭，航速锐减——"沙恩霍斯特"号战列巡洋舰触雷了！

德国人的好运终于到头了！损管人员经过检查，发现螺旋桨和军舰底部的装甲被炸坏了，需要较长时间进行修理。西里阿科斯只

英国空军正在海上袭击德国舰艇

好改以驱逐舰 Z-29 为旗舰，"沙恩霍斯特"号战列巡洋舰在几艘鱼雷艇的护卫下蹒跚而行，与整个舰队逐渐拉开了距离。

西里阿科斯改换旗舰的先例一开，似乎就收不了场了。Z-29上的一发高射炮弹竟然自己爆炸，四下横飞的弹片不偏不倚炸坏了输油管道，使驱逐舰的航速下降到了 25 节，发动机也来凑热闹，居然由快到慢直到最后彻底停下来。虽然"赫尔曼·舍曼"号驱逐舰就在旁边，但是风大浪高，根本无法靠拢，西里阿科斯只好乘坐Z-29 的小艇追赶"赫尔曼·舍曼"号驱逐舰，当西里阿科斯好不容

143 ·

易登上"赫尔曼·舍曼"号驱逐舰时,"沙恩霍斯特"号战列巡洋舰却修好了损伤,从后面赶了上来!

德军舰队终于驶出了最后的关隘——弗里西斯群岛之狭窄海域,德国本土已经在望了!西里阿科斯终于感觉到最后的胜利已经触手可及了,但是德军舰队最后的结局注定是命途多舛,英机最后的努力终于有了收获——19时55分,漆黑的夜空中闪过一道黄白相间的亮光,紧接着就是一声惊天的巨响,"格奈森诺"号战列巡洋舰步了"沙恩霍斯特"号战列巡洋舰的后尘,舰尾触雷被炸开一条大裂口,损管人员奋力抢修,很快修补好了裂口,但是航速快不起来了。不久,"沙恩霍斯特"号战列巡洋舰再次触雷,损管人员苦战3小时才使军舰能勉强以12节的航速缓缓而行。

午夜时刻,历经磨难的德军舰队驶入了德国海域,西里阿科斯心里的石头总算落了地。13日黎明,"格奈森诺"号战列巡洋舰和"沙恩霍斯特"号战列巡洋舰就近驶入德国基尔港,修复触雷所造成的损伤。而福星高照的"欧根亲王"号重巡洋舰则继续北上,直接前往挪威。西里阿科斯向柏林的海军总部发出报捷电:"我以舰队司令的名义向您报告,'瑟布鲁斯'行动胜利完成!"

德国海军自然少不了一番庆祝与欢腾,而在伦敦特拉法尔加广场西侧的英国海军部大楼内,却被前所未有的奇耻大辱所笼罩。德军的这一行动在英国国内引起了轩然大波,朝野上下纷纷指责英国海军的无能,因为自1588年西班牙无敌舰队入侵英国以来,数百年间还没有任何海上力量敢于如此挑战大英帝国的制海权。

　　但是从战略上而言，这一使英国海军蒙受巨大耻辱的行动，却是一次糟糕透顶的行动，因为德国海军硕果仅存的大型水面舰艇离开了大西洋这一主要战场，在天寒地冻的挪威海，即使尽显神威，对整个战争的影响和作用也大为降低。尽管如此，德国海空军在此次作战行动中，表现出的冒险精神实在令人叹服。

　　德国人成功借路，让英国上下都觉得很没面子，多年后，英国首相丘吉尔在回忆录里提起此事还耿耿于怀：

　　希特勒决定把"沙恩霍斯特"号战列巡洋舰和"格奈森诺"号

英国皇家海军空战指挥中心

战列巡洋舰调回本国港口，作为他的防御方针的一部分。这两艘军舰被封锁在布勒斯特已快一年了，在这期间，对我们的海上运输队又是一种严重的威胁。2月11日晚上，这两艘战列巡洋舰连同"欧根亲王"号巡洋舰逃出了布勒斯特，顺利地通过了英吉利海峡，重新获得本国港口的掩护。

由于我们冬天在地中海遭受了严重的损失，整个东方舰队又暂时无能为力，我们就不得不把鱼雷飞机几乎全部派去保卫埃及，以防敌人可能从海上入侵。然而我们也做好了一切可能的准备，来监视布勒斯特，并打算用炸弹和鱼雷从空中和海上对付敌人任何突围出击的行动。又在海峡上和荷兰沿海一带沿着假定的航线敷设了水雷。海军部预料到德军会在夜间偷渡多佛海峡。但是，那位德国海军上将却选择夜间离开布勒斯特，利用深夜的漆黑来逃避我方的巡逻，而在光天化日之下逃出多佛海峡的炮火。

一批批的轰炸机和鱼雷轰炸机接连不断地袭击了敌人，直到傍晚才停止。我方同德国的战斗机激烈地混战了一场。

由于敌机在数量上的优势，我方损失较敌方为重。当德国巡洋舰在下午15时30分光景离开荷兰海岸时，从哈里季开来的五艘驱逐舰又展开了猛烈的进攻，在猛烈的炮火下，从3公里左右的地方发射了鱼雷。然而，德国舰队在多佛海峡炮台的炮火下，在鱼雷的袭击下，都丝毫未受损伤，仍按着航程前进。到13日上午，所有德国舰队都回到了本国。

这个消息使英国公众大为惊异，他们不明白出了什么事，自然以为这是德国控制了英吉利海峡的明证。不久，我们却通过特工人员发现，"沙恩霍斯特"号战列巡洋舰和"格奈森诺"号战列巡洋舰都在我们空投的水雷网下成为牺牲品了。一直过了6个月，"沙恩霍斯特"号战列巡洋舰才恢复了战斗能力，而"格奈森诺"号战列巡洋舰却再也没有在战争中出现。不过，这个消息不能公开，于是，全国的怒潮势不可遏。

为了缓和责难之声，英国海军特举行一次正式调查，就那些可以公布的事实作了报告。从事后看来，从大处着想，这个插曲倒是对我们非常有利的。罗斯福总统在电报中说："鉴于有些人把这次海峡上的插曲当作失败，在下星期一晚上我发表广播演说的时候，我要就此说几句话。我越来越相信，德国的全部舰只既然集中在德国境内，就使我们在北大西洋海军的共同问题更加简单了。"但是，在当时，除了我们参与机密的小圈子以外，在大同盟的每个人看来，这件事很糟。

尽管丘吉尔失了面子，但他也知道德国海军已经没什么实力了，他跟罗斯福写信提到此事时，又是一种心情：由于德国海军部队从布勒斯特撤退，本土海面和大西洋的海军形势，肯定得到了缓和。它们在那里威胁着我们开往东方的所有运输队，我们不得不派两艘军舰护航。它们的分舰队既可以开到大西洋的贸易航线上，又

丘吉尔（前排右）和罗斯福（前排左）

可以驶入地中海。我们巴不得它就在现在的地方，而不是在原来的地方。我方轰炸机的力量可以不再分散，现在可以专门用来对付德国了。最后，你们可能已经知悉，"欧根亲王"号重巡洋舰已被击伤，"沙恩霍斯特"号战列巡洋舰和"格奈森诺"号战列巡洋舰也中了鱼雷，前者已中了两次。这样，至少可以使它们在6个月内不能出来胡作非为。在此期间，我们双方的海军实力都会得到有力的补充。我们未能把它们击沉，自然非常遗憾。我们正在进行调查，追究我们在白天竟不知道它们开走的原因。

★剑鱼式鱼雷轰炸机

第二次世界大战中使用最成功的舰载双翼机。

1934 年 4 月 17 日，原型机 TSR–II 首次试飞，英国海军正式命名该机为剑鱼，1936 年入役。第二次世界大战开始时，该机已经显得过时、陈旧。速度很慢，自卫能力很差。然而在当时，英国海军还没有可以取代它的鱼雷轰炸机，只要使用得当，该机仍然是一种极为成功的鱼雷轰炸机。使剑鱼在航空史上青史留名的战斗是：袭击意大利塔兰托港和袭击"俾斯麦"号战列舰。1941 年后，逐渐改为舰队反潜巡逻机使用，一共生产 2391 架。

代表型号：Swordfish MK II

用途：舰载鱼雷轰炸机

乘员：3 人

航程：1240 千米

最大速度：230 千米 / 小时

升限：3780 米

重量：2135/4035 千克

翼展：13.87 米

机长：10.87 米

机高：3.75 米

武备：1 挺 7.7 毫米同步机枪 +1 挺路易斯机枪 +1 发 730 千克鱼雷

 ## 2. 截杀北极运输队

直到两个多月以后，丘吉尔才在 4 月 23 日的秘密会议上将这些明显的事实对下议院宣布出来：

这两艘敌舰通过海峡，引起了英国忠诚民众的震惊。我们的鱼雷飞机由于埃及的需要而削弱了。至于海军，我们没有把主力舰留在海峡，理由是很明显的：我们只有六艘驱逐舰来攻击德国的战列巡洋舰。有人质询，我们其余的舰队到哪里去了？回答是，它们过去和现在都远在大西洋一带，护送从美国运来的粮食和军火，没有这些东西，我们就活不了。很多人都认为德国军舰通过海峡，令人非常诧异，非常惊慌。它们本来可以向南突破，也许就驶入地中海。它们本来可以远涉大西洋，袭击商船。它们本来可以驶到北方一带，设法取道挪威的峡湾，回到本国的海面。但是，在一般公众看来，唯一不可能的便是取道英吉利海峡，穿过多佛尔海峡。因此，我要把海军部的述评摘要宣读一下。

这份文件是在德国巡洋舰突围前 10 日，即 2 月 2 日起草的。

这时，他们的演习和航行试验以及德国护航驱逐舰的到达，都已经说明他们打什么主意了。述评说：乍看起来，这样经海峡北上，对德国人来说好像是冒险的。但很可能，由于他们的巨型舰只并不十分中用，他们宁愿采取这一航线，一则在安全方面依靠中用的驱逐舰和飞机，二则完全了解，我方没有巨型的舰只可以在海峡阻挡他们。因此，我们很可能发现这两艘战列巡洋舰和那艘203毫米炮口的巡洋舰，带着五艘大的和五艘小的驱逐舰，天上还有二十多架战斗机（另有增援力量随叫随到），经海峡北上。考虑到所有的因素，看来德国军舰只靠东行驶，经海峡北上，风险就会比取道海洋前往

邓尼茨与潜艇官兵

挪威小得多。既然如此，德国人不会在他们做好充分准备前进行冒险。他们一旦离开布勒斯特，海峡这条道路看来就是他们最可能采取的途径。

丘吉尔预料的没错，德国海军的确没多少家底了，雷德尔只能启动潜艇战来对付盟军。邓尼茨直接负责潜艇战计划，在1942年5至6月，德国潜艇击沉了100多万吨商船，接近护航交通线上航行船只的一半。

此时，德国海军拥有300多艘潜艇，这个数目正是邓尼茨曾需要的，他要以饥饿战封锁困死英国。诚然，盟国拥有潜艇探测器（声呐）和雷达，但是操作手都没有经过很好的训练，加上暴风雪天气，使得两种先进装备几乎没有发挥作用。而且，德国人这时也有了一种雷达探测器，它能够侦测到比探测接收机接收到的信号距离还要远的雷达探测信号。此外，处于潜水状态的德国潜艇还能发射出一种装置——内有一个化学气泡发生器，其气泡反射的声呐接收信号恰如一艘潜艇所反射的信号。

此外，德国海军彻底变换了密码，开始用恩尼格玛保密机与潜艇进行通信联络。英国人没能破译出新的密码。就在这个严酷时期，护航队搞不到德国军舰行踪的情报，这样就很难规避经常出没于护航线上追捕他们的猎手。

美国人拒绝共同使用他们的电子密码机，他们宁愿使用英国护航队的密码与英国进行通信联络，但是这种规律性很强的密码很容易被德国人破译。

邓尼茨在北大西洋"黑色陷阱"区域内集结了他的进攻力量，在这个区域两边部署了潜艇前哨游猎线，横贯在这整个广阔的区域内，实际上德国潜艇没有被空中攻击的危险。所以，护航运输队无论从哪一个方向进入这一区域，都会遭到攻击。

苏联红军与德国军队拼死作战的时候，英美对斯大林唯一支持的办法就是输送武器和供应品。这些东西在极大程度上是美国和英国的产品，还有些是美国给予英国的军需品。因此，英美亟待补充的装备受到严重影响。

输送这些供应品给苏联军队的一条直接路线是海运，绕过北角，取道北极海航线，抵达摩尔曼斯克，以后再转至阿尔汉格尔斯克。根据罗斯福、丘吉尔和斯大林的协定，苏联政府负责用他们自己的船只在英国或美国港口接收供应品，然后运回苏联。不过，苏联人并没有足够的船只可以装运大量物资，英美只好立即承担了3/4的运输量。

在最初的四五个月内，一切进行顺利，只损失了一条船。到1942年3月，从挪威北部起飞的德国飞机，还有德国潜艇开始严重地干扰运输船队。

丘吉尔了解，希特勒指挥德国海军在冬季将其力量集中于挪威，不仅在于防止英国的袭击，而且在于阻止供应物资和军需品运入苏联，他还从攻击大西洋和横贯大西洋航运的潜艇中保留一部分，用以守卫挪威。

对希特勒的行为，罗斯福和丘吉尔都感到很高兴，德国快速战舰的巨大攻击力量，在这个危急的时期，并没有用来增加潜艇战争的紧张局势。尽管如此，随着北极运输船队遭受的袭击不断增加，落在英国海军部身上的负担也愈来愈重了。

"舍尔海军上将" 号袖珍战列舰

1942 年 1 月，德国的"提尔皮茨"号战列舰驶往特隆赫姆。到那里不久，"舍尔海军上将"号袖珍战列舰又前来与它会合，3 月间，巡洋舰"希佩尔海军上将"号重巡洋舰又前来会合。在这一群水面舰只中，还有早就来的"沙恩霍斯特"号战列巡洋舰和"格奈森诺"号战列巡洋舰以及一起脱险的"欧根亲王"号重巡洋舰。但是，"沙恩霍斯特"号战列巡洋舰和"格奈森诺"号战列巡洋舰都遭过鱼雷的袭击，有好几个月的时间不能参加战斗。

这两艘军舰在修理时，都遭到严重的空袭。2 月 27 日夜晚，"格奈森诺"号战列巡洋舰在基尔的船坞中被炸，受到了严重的损坏，以致从此再未见到这艘军舰在海战中出现过，只有"欧根亲王"号重巡洋舰留下来了，与"舍尔海军上将"号袖珍战列舰一样同时被派去参加"提尔皮茨"号战列舰的行列。这艘军舰被英国"三叉戟"号潜艇的鱼雷击中，还是勉强地驶到挪威的特隆赫姆。经过临时修理之后，终于驶回德国，直到 10 月才能参加战斗。

虽然在特隆赫姆的海军力量只有希特勒原先打算部署的一半左右，却也吸引了皇家海军的注意力。

编号为 PQ-12 运输船队于 3 月 1 日离开冰岛，"提尔皮茨"号战列舰奉令前去截击。一艘英国潜艇报告了它的行踪，率领"英王乔治五世"号战列舰和"胜利"号航空母舰保护运输船队的托维海军元帅立即转往截击。

德国的侦察机找不到运输船队，"提尔皮茨"号战列舰就回去了，托维在预定区域没有截住它。

3月9日，"胜利"号航空母舰上的飞机发现了它。于是，立即让鱼雷飞机起飞。"提尔皮茨"号战列舰还是设法避开所有的鱼雷，又在西弗尔特港找到掩蔽处。这样，运输船队安全地到达了目的地。

4月间，PQ-13运输船队遭到德国飞机和驱逐舰的严重袭击，十九艘船只中损失了五艘。一艘德国驱逐舰被击沉，而英方的"特立尼达"号巡洋舰被鱼雷击中，终于也沉没了。后来，美国特种舰队到达斯卡帕湾，其中包括"华盛顿"号新战列舰，"黄蜂"号航空母舰，两艘重巡洋舰和六艘驱逐舰，因此，盟军的海上力量加强了。不过，运输船队的困难和危险日渐增加。

4月和5月间，又有3队运输船驶往苏联北部，第1队驶入冰岛北部的巨大流冰群，23艘船只中只有14艘折回。余下的舰只中，一艘沉没，只有8艘到达目的地。第2批运输船队和第3批运输船队，遭到日益严重的袭击，总共损失了10条船。

虽然50艘船只安全通过，但在整个过程中，盟军损失了"爱丁堡"号巡洋舰，它是被潜艇击沉的。

到1942年3月底，美国和英国交付的供应物资数量已远远超出皇家海军所能承担的海运力量了。因此，货运与供应物资都大量堵塞，华盛顿与莫斯科都提出紧急要求，要英国承担更多一些任务。

斯大林请求丘吉尔出手相助："我对你有一个要求。大约有90

"提尔皮茨"号战列舰的主炮

艘装载着各种重要战争物资运往苏联的轮船，目前正在冰岛或者从美国到冰岛的入口处受困。由于英国海军力量对组织运输船队护航有困难，我了解到，这些船只的航行有延误很久的危险。我完全了解这方面的困难，也了解英国在这方面所作出的牺牲。但是，我觉得自己有责任向你提出要求，请采取一切可能的措施，以保证上述物资在 5 月间运达苏联，因为这是我们前线极为需要的。请接受我衷心的问候，并祝成功。"

（右起）丘吉尔、罗斯福、斯大林

苏联正处于激烈的战斗中，斯大林和罗斯福都希望海军力量强大的英国能维系北海生命线。苏联反复思量后，认为运输船队必须在 18 日出发。只要运输船有半数通过，这项行动就算是起了作用。如果不能成功，将降低英国对两个主要盟国的影响。

皇家海军可谓是做了巨大牺牲，很快 PQ–17 运输船队再次建立，这支队伍由 34 艘商船组成，于 6 月 27 日自冰岛开往阿尔汉格尔斯克。它的护航队包括 6 艘驱逐舰，2 艘防空舰，2 艘潜艇和 11 艘较小的舰艇。作为紧急支援的是海军少将汉密尔顿指挥的 2 艘英国巡洋舰，2 艘美国巡洋舰，还有 3 艘驱逐舰。

沿着挪威的北部海岸布置了 9 艘英国潜艇和 2 艘苏联潜艇，以便在必要时对"提尔皮茨"号战列舰和德国巡洋舰进行攻击，或者至少可以警告它们不得接近。最后在西面，由海军总司令托维率领英方主要的掩护力量——"约克公爵"号战列舰、"华盛顿"号战列舰、"胜利"号航空母舰，3 艘巡洋舰和一小队驱逐舰，进行巡逻警戒。

★"约克公爵"号战列舰

属于 1937 年制造的英王乔治五世级战列舰，该级舰共有 5 艘，即"英王乔治五世"号战列舰、"威尔士亲王"号战列舰、"约克公爵"号战列舰、"豪"号战列舰和"安森"号战列舰。

这种战列舰是第二次世界大战中英国最新型的战列舰，标准排水量 35 000 吨，满载排水量 43 000 吨，舰长 227.4 米，宽 31.4 米，吃水深 8.4 米，主机动力 112 000 匹马力，最高航速每小时 28 海里，舰载武器装备有 356 毫米口径主炮 10 门、133 毫米口径火炮 16 门、40 毫米口径火炮 40 门及 20 毫米口径火炮 70 门等。

3. 北海肆意大捕猎

英护航商船队通过北冰洋熊岛的北部，在距离德国空军基地约 300 海里处，受到流冰群的阻挡。海军部命令汉密尔顿将军，"除非护航运输船队遭受到来自敌方水面舰队的威胁"，他所率领的巡洋舰队不必驶往熊岛的东面。这显然意味着将不派他去攻击"提尔皮茨"号战列舰。

与此同时，海军司令率领重型舰只留在距熊岛西北 150 海里的地区，准备当"提尔皮茨"号战列舰出现，就加以攻击，首先是派出"胜利"号航空母舰上的飞机进行袭击。

运输船队在 7 月 1 日被德国人发现，此后就受到德国空军的尾随，经常遭受袭击。7 月 4 日早晨，第 1 艘船只被击沉；那一天晚上，又有 3 艘船只被敌方飞机发射的鱼雷击中，此时，运输船队已距离熊岛 150 海里。

汉密尔顿海军少将使用他的自由决定权，仍旧和运输船队在一

英国"胜利"号航空母舰

起。根据报告，"提尔皮茨"号战列舰在 3 日午后某时之前已经离开特隆赫姆，但是，得不到有关"沙恩霍斯特"号战列巡洋舰和其他德国重型舰只的精确的消息。

海军部怀着深切焦虑的心情注视着运输船队的进展。鉴于德国的追踪，必须按照海军部当时所了解的情报加以研究。

7 月 4 日，有确切的理由可以相信，"提尔皮茨"号战列舰和它的僚舰在阿尔塔重装燃料之后，已前往截击运输船队。这次势不可

161

挡的巨大攻击的危险程度超过了任何一次来自空中或潜艇的袭击。

汉密尔顿将军的巡洋舰对于抵抗德国人所使用的兵力无济于事，而保持运输船队一部分船只的唯一希望，似乎就在于趁敌人未到达之前，尽量将船只分散。敌舰可能在离开港口后10个小时之内到达该地，而商船的时速却只有七八海里。即使分散的方法是有效的，时间也很紧迫。当天晚上，认为袭击即将发生的第一海务大臣达德利·庞德直接以个人名义向汉密尔顿发出紧急通知，如下：巡洋舰只应以最大速度向西方撤退。鉴于敌方水面舰只的威胁，运

"提尔皮茨"号战列舰

输船队应当分散向苏联港口进发。

这个决定一经发出，就不许指挥巡洋舰的司令有选择的余地。他的命令是明确而绝对的。尽管他因为必须放弃不幸的运输船只而感到苦恼，但他也毫无办法，英国舰队无法及时赶到出事地点。掩护运输船队的驱逐舰不幸也撤退了，而且，固然这项决定在当时的情况下是正确的，它们的作用是在以后帮助把散开了的船只聚集成几个小队，并且在余下的漫长而危险的航程中，提供某些对来自空中与潜艇袭击的保护。

如果只是关系到英国的舰只，庞德可能不会发出如此坚决的命令。但是，考虑到这样第一次在英国指挥下的大规模英美联合行动，将牵连到两艘美国巡洋舰和英国的战舰一样地遭到毁灭，因此就引起他的不安，从而作出这些决定。

同盟国的巡洋舰队已经越过了指定的地点。如果没有接到海军部新的命令，这些巡洋舰在任何情况下将遵照原先的命令在一小时左右撤退。它们最初的行动实际上并不影响战术上的形势。根据以后的了解，分散船只的决定是轻率的。

如果汉密尔顿能在附近地区逗留直到运输船队分散完毕之后再行离去，那么，运输船队因目睹巡洋舰仓促离去而产生的惊慌失措的状况就可以避免。不过，根据他收到的信号，他只能假定"提尔皮茨"号战列舰可能在任何时刻都会在洋面出现。

德国方面，由"提尔皮茨"号战列舰、"舍尔海军上将"号袖珍战列舰与"希佩尔海军上将"号重巡洋舰以及附属的驱逐舰组成的舰队聚集在阿尔塔，直到5日中午才离开港口。到此时从空中侦察的情况得知，运输船队业已分散，而且，英国巡洋舰已经撤退。不久，德国舰队被一艘苏联潜艇首先发现。这艘潜艇对"提尔皮茨"号战列舰进行袭击，并且不正确地自吹打中了两处。后来，一艘英国潜艇也发现了"提尔皮茨"号战列舰，报告它正以高速度向东北方向驶去。

德国海军上将虽然知道已被发现，担心英国空军的袭击，也认为自己必定处在空袭范围之内，却仍然打算继续执行任务。但是，德国最高统帅部对这个问题采取不同的看法，而且，由于记起了一年以前"俾斯麦"号战列舰的命运，决定撤退舰队。德国人还正确地估计到，以飞机和潜艇来对付分散了的运输船队可能更为有效。德国的重型舰只接到命令驶回港口。德国人所造成的潜在威胁，使护航运输船队分散了。这样，德国人只不过在这些航线上出现一下，就随时能消灭几艘单独的盟军舰艇——分散而又无保护的盟国运输船队此时已成为拦劫的飞机和潜艇的囊中之物了。

每一艘船只，或者每一小队的商船，其中还有的伴随着一艘或一艘以上较小的护航舰只，它们的悲惨经历，本身就是一篇悲剧故事。有的在新地岛冰冻的海岸一带避难。在离开冰岛的34艘船只中，有23艘船只沉没，它们的船员不是在冰冻的海上死去，就是

装满物资的运输船

由于冻伤而遭到难以忍受的痛苦和伤残。

2 艘英国商船，6 艘美国商船，1 艘巴拿马商船和两艘苏联商船到达阿尔汉格尔斯克港，卸下了从冰岛运出的 200 000 吨货物中的 70 000 吨，总共有 14 艘美国商船沉没。这是整个战争期间最凄惨的海军插曲之一。此外还有 3 艘救援舰随同运输船队出发，其中 1 艘沉没。

7 月 15 日，英国首相丘吉尔用备忘录通知海军大臣和第一海务大臣："直到今天早晨，我才知道命令驱逐舰离开运输船队的是汉密尔顿，巡洋舰队的司令官。你当时对这一决定有什么想法？现在又如何想的呢？"

丘吉尔等待着对有关人员的行为进行调查的结果。这需要相当长的时间，而且，结果谁也没有受到处分。根据第一海务大臣的命令所发的电报俱在，怎么能进行处分呢？

如果"提尔皮茨"号战列舰和它的僚舰驶近护航的巡洋舰和运输船队，命令巡洋舰撤退就是正确的。因为，不这样做就会遭到无谓的牺牲，而商船存活的最大希望就在于散开。驱逐舰的离开引起了另一个问题。汉密尔顿将军在他的报告中提到了燃料的情况，指出运输船队的分散使它们无法找到一艘油船来补充有限的供应。他还详细论述了船队行动中的意外事件，在那种情况下，驱逐舰是船队所急需的。不过，运输船队的分散，使驱逐舰在抵抗优势海面进攻的行动方面发挥不了作用。驱逐舰的撤退当然是一种错误。为了保护商船，应该要承担一切风险。

海军部鉴于 PQ-17 运输船队的惨剧，建议至少在北方流冰群消融之前和极区白夜过去以后再开始北极运输船队的运输。

丘吉尔下令道：从本月 18 日起，按照目前所提意见暂停 PQ-18 运输船队的航行。了解一下我们在马耳他作战行动的情况，如果一切顺利，将"无畏"号战列舰、"胜利"号航空母舰、"阿尔戈斯"号航空母舰和"鹰"号航空母舰等调至斯卡帕湾北部，并且，至少还要调集五艘辅助航空母舰，连同所有可用的大型舰只以及至少 25 艘驱逐舰。让这两艘战列舰在空中保护伞和驱逐舰的屏障下直驶南方，不要接近浮冰，只拣最晴朗的天气向敌人进攻。如果我们的运输船队能在至少有 100 架战斗机的保护伞下行动，我们一定能够重新打开通路，同时，如果能完成一次舰队的航行，那就更好了。

同时，丘吉尔还给斯大林发出下列电报：

我们从 1941 年 8 月向苏联北部派出小型运输船队，到 12 月为止，德国人并未采取任何步骤进行阻挠。1942 年 2 月以后，运输船队的组织扩大，德国人于是将一支力量十分强大的潜艇队和大量的飞机调往挪威北部，对运输船队发动坚决的进攻。只要给予在可能

英国"鹰"号航空母舰

条件下最强有力的驱逐舰和反潜舰只的护航，运输船队虽说还不能完全免于损失，也总会免去相当程度的损失。显然，德国人并不满足于单靠飞机和潜艇所取得的成就，因为他们开始使用水面舰只来攻击运输船队了。不过，幸而在开始时他们将重型舰只用在熊岛的西面，将潜艇用在东面。这样，我们本土舰队就能够防止敌人水面舰只的攻击。在 5 月运输船队出发以前，海军部提醒我们，如果正如预料的那样，德国人将他们的水面舰队用于熊岛的东面，损失就会非常严重。不过，我们还是决定让运输船队出发。敌方水面舰只的一次袭击并未实现，而我方运输船队主要由于空袭而损失了 1/6 的船只。至于 PQ-17 运输船队的情况，德国人终于以我们一向所担心的方式来使用他们的力量。他们将潜艇集中在熊岛的西面，并将水面舰只保留，准备向熊岛东面进攻。PQ-17 运输船队的最后结局此时还不清楚。到此刻为止，只有四艘船只到达阿尔汉格尔斯克，还有另外六艘船只在新地岛的港口内，不过，这六艘随时可能遭到空袭。因此，最多只有 1/3 可以保存下来。

我的海军顾问们告诉我说，如果让他们将德国的水面舰只、潜水艇以及空军力量等保持目前的状况，他们就可以肯定地说，任何驶往苏联北部的运输船队将全军覆没。他们迄今还不能抱有任何希望，证明运输船队要想在极区白昼期间完成的航行会比 PQ-17 运输船队的情况好多少。因此，十分抱歉的是，我们已经得出这样的结论：企图派出下一批 PQ-18 运输船队的做法，将对你们没有好处，而只能使我们的共同事业遭受完全的损失。同时，我向你保证，如果我们能作出安排，提供适当的机会至少使相当比例的运输船队到达你的地方，我们将立即恢复运输船队。问题的焦点在于，要使巴伦支海成为德国战舰的危险地带，正像他们对我们所做的那样。这是我们在使用我们共同力量时所应该明确的。我极愿派一名皇家空军的高级军官到苏联北部来和你们的军官商订一个计划。

与此同时，我们准备将原在 PQ 运输船队中航行的若干船只立即派往波斯湾。

你提到在北方的联合行动。在目前，对继续派遣运输船队的障碍，同样也妨碍我们驻挪威北部运送作战所需的陆、空部队。不过，我们的军官仍应立即一同来考虑联合行动可能的时间，究竟是在 10 月内，还是在 10 月以后，尽管时间还不十分清楚。如果你们能派军官到这里来，那就更好了。不过，如不可能，就让我们的军官到你们那儿去。

除了北方的联合行动之外，我们正在研究如何协助你们的南线。如果我们能够赶走隆美尔，我们就可能在秋季派遣有力的空军去支援你们的左翼战线。要在横跨波斯的航线上供给这些部队而又不致影响对你们的供应，其困难显然是很大的。不过，我希望不久能向你提出详尽的建议。总之，我们必须先赶走隆美尔。目前的战斗是激烈的……

请相信我，要说我们和美国人在你们伟大的斗争中不加援助，那是不通情理的无稽之谈。总统和我一直在寻求方法，克服由于地理条件、海水以及敌人空军所造成的极为艰巨的困难。这份电报曾经由总统过目。

斯大林读后自然相当不满，罗斯福则出面做老好人劝丘吉尔：毕竟苏联军队损失惨重，而战役正处于成败的紧要关头。你就承担点损失吧！

遭空袭后的"提尔皮茨"号战列舰的上层建筑

★ "提尔皮茨"号战列舰

"提尔皮茨"号战列舰以人称"德国海军之父"——德意志帝国海军元帅阿尔弗雷德·冯·提尔皮茨命名,是俾斯麦级战列舰2号舰。"俾斯麦"号战列舰沉没时,"提尔皮茨"号尚未完成训练和调试工作。"提尔皮茨"号战列舰在进行随后的装配时,其造船厂——威廉港海军造船厂屡遭英国飞机空袭,空袭达1042架次,投下大约670吨炸弹。尽管没有一颗炸弹命中"提尔皮茨"号战列舰,但反复的轰炸使它一直拖到1941年2月25日才服役。"提尔皮茨"号战列舰服役后就一直躲躲藏藏,没有打过一场堂堂正正的海战。可是,作为一艘战舰,它也有值得夸耀的战绩:"提尔皮茨"号战列舰牵制了大批英国军舰,使皇家海军不敢放手在其他作战方向用兵。

4. 德国"狼群"在行动

丘吉尔不是不想帮忙,南方大西洋那边,他的海军给非洲兵团运输战略物资,北方又要给斯大林跑运输,而且两线都吃亏。1942年8月,英国人吸取6月一支警戒过弱的护航队损失惨重的教训,派出了一支由2艘战列舰、4艘航空母舰、7艘巡洋舰和25艘驱逐舰编成的特强警戒的护航运输队驶往马耳他,德军潜艇、鱼雷艇和

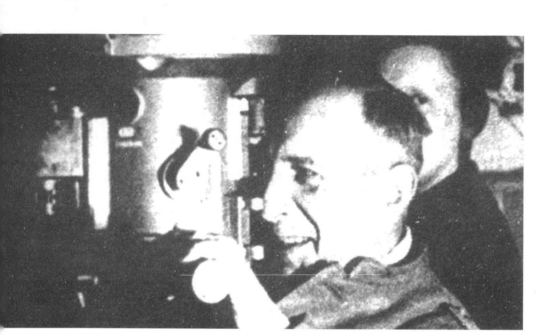

德国潜艇内，一名艇员用潜望镜观察海面

飞机连续几夜对其实施攻击。8月11日，德军潜艇在阿尔及尔以北击沉了英国"鹰"号航空母舰。

当德国潜艇在1942年的上半年中共击沉了300多万吨船只后，大西洋争夺战进入了决定性阶段。

苏联方面，在1942年9月PQ-18运输船队到达以后，派往苏联北部的运输船队又停顿下来。不久以后，北非大战又把英国大部分海军力量吸引住了。但是，囤积运往苏联的供应品以及对未来运输船队的保护办法等问题，却在缜密研究中。

西方国家进一步加强了自己的防御手段，还发明了越来越新式的兵器。他们的飞机装备了探照灯，夜间借助探照灯可以发现德国潜艇。辅助航空母舰的数量不断增加，对分布在法国沿岸的德军潜艇基地实施了经常性的空袭。

雷德尔采取狼群战术的潜艇尽可能在德国航空兵支援下昼夜不停地搜寻和攻击西方护航运输队，并击沉其达 200 多万吨的船只。但德国潜艇受到的损失也增大了。1942 年下半年同上半年相比，潜艇的损失增加了两倍——被击沉了 64 艘。

11 月，德国潜艇击沉了同盟国船只 700 000 吨，达到了整个战争期间最高的损失数字。12 月，又有 30 多万吨的同盟国船只被德国潜艇击沉。

尽管海上运输损失惨重，但是盟军依旧艰难地维系着各大战场。

回到基地的德国潜艇

一直到 12 月，下一次的运输船队才开始它的航程，继续前往苏联。

12 月 22 日，护航运输队从苏格兰埃韦湾起航，该船队由 14 艘运输船组成，共载有 202 辆坦克、2046 辆军用车、87 架战斗机、33 架轰炸机、11 500 吨油料、12 650 吨航空燃油和大约 54 000 吨的补给品，前往苏联科拉湾。

三天后，运输队同护航编队在冰岛会合，护航编队由 6 艘驱逐舰、2 艘小型护卫舰、1 艘扫雷舰和 2 艘武装拖网渔船组成，指挥官为罗伯特·谢尔布鲁克上校，旗舰是 "昂斯洛" 号驱逐舰。除此以外，皇家海军还调遣了 2 艘轻巡洋舰和 2 艘驱逐舰，在罗伯特·伯内特少将的指挥下前往巴伦支海待机，为运输船队提供远距离掩护。

运输船队离开冰岛后即向东北方向航行。12 月 28 日至 29 日间，船队遭遇强风，5 艘运输船在掉队后同船队失去了联系。次日，3 艘掉队的运输船归队，另外 2 艘则将独自驶往科拉湾。

12 月 30 日，德国 U-354 号潜艇发现这支船队，并将船队位置通报给了德国海军部。海军部立即下令奥斯卡·库默兹中将率领舰队从阿尔塔峡湾出航，以拦截英国运输队，行动代号 "彩虹行动"。

德国舰队由 "希佩尔海军上将" 号重巡洋舰、"吕佐夫" 号袖珍战列舰和 6 艘驱逐舰组成，旗舰为 "希佩尔海军上将" 号重巡洋舰。库默兹中将将舰队分为两个分队，分别由 "希佩尔海军上将"

号重巡洋舰和"吕佐夫"号袖珍战列舰率领。在他的计划中，"希佩尔海军上将"号重巡洋舰和3艘驱逐舰将从运输队北方逼近，将护航的英国驱逐舰引诱走，同时"吕佐夫"号袖珍战列舰将在南方出现并歼灭失去保护的英国运输船。

　　由于战斗发生时正值北极极夜，能见度很低，战斗是在十分混乱的状态下进行的。12月31日8时15分，"顽强"号驱逐舰在船队后方（西方）发现3艘德国驱逐舰。舰长谢尔布鲁克立即命令"奥维尔"号驱逐舰、"服从"号驱逐舰、"顽强"号驱逐舰和"昂斯洛"号驱逐舰前往拦截，"忠实"号驱逐舰则受命在船队和德国军舰之间施放烟幕，掩护船队逃离。

　　同时，"希佩尔海军上将"号重巡洋舰从西北方向逼近船队。9时40分，"希佩尔海军上将"号重巡洋舰向英国舰队开火。在交火中，"忠实"号驱逐舰遭到重创，其舰长阵亡。"希佩尔海军上将"号重巡洋舰又将火力转移至"昂斯洛"号驱逐舰和"奥维尔"号驱逐舰上，同时向北方撤退，试图引诱英国军舰追击。谢尔布鲁克率领2艘驱逐舰继续监视德国军舰的动向，其余军舰则航向东南，保护运输队逃离战场。

　　由于海上能见度极低，双方的炮手均难以测出对方的准确距离，炮击命中率很低。然而"昂斯洛"号驱逐舰仍被"希佩尔海军上将"号重巡洋舰发射的数枚炮弹击中，造成舰体严重损伤。谢尔布鲁克被碎片击中，被迫将指挥权交予"服从"号驱逐舰舰长金洛奇中校。"希佩尔海军上将"号重巡洋舰随后遭遇"布兰布尔"号巡洋舰，将其击成重伤。"布兰布尔"号巡洋舰于 11 时左右沉没。"希佩尔海军上将"号重巡洋舰又对已受重伤的"忠实"号驱逐舰开火。"忠实"号驱逐舰受损严重，终于在 13 时 14 分沉没。

11 时 30 分，罗伯特·伯内特少将率领"谢菲尔德"号巡洋舰和"牙买加"号巡洋舰及时赶到战场，并向"希佩尔海军上将"号重巡洋舰开火。库默兹意识到形势突变，遂命令"希佩尔海军上将"号重巡洋舰向西撤退。11 时 33 分，由于能见度很低，德国"弗里德里希·埃克尔特"号驱逐舰和"理查德·拜茨恩"号驱逐舰误将英军的 2 艘巡洋舰辨认为"希佩尔海军上将"号重巡洋舰和"吕佐夫"号袖珍战列舰，便向其靠近。英国军舰随即开火，"埃克尔特"号在两分钟内即被击中沉没。

"吕佐夫"号袖珍战列舰此时趁机逼近失去护航的运输队，并向其发射了 87 发 280 毫米炮弹和 75 发 150 毫米炮弹，但由于能见度极低，海面上又弥漫着英军施放的烟幕，炮弹竟无一命中。随后，德英双方由于能见度低，担心对方的鱼雷攻击，均先后撤出战场。

神奇的是，船队的 14 艘运输船均毫发未伤，安全抵达苏联科拉湾，谢尔布鲁克上校因战斗中的勇敢表现获颁维多利亚十字勋章。

在德国最高统帅部内部，对这次战斗的反应是巨大的。由于电讯延误，最高统帅部首先是从英国广播中获悉这件事的。

希特勒被激怒了。当他在愤怒中不耐烦地等待着战斗的结果时，戈林却火上加油，强烈地抱怨不该浪费德国空军中队去保护海军的主力舰只，而这些舰只他是建议报废的。海军上将雷德尔奉令立即作出报告。

雷德尔奉令就为什么违反规定使用退役主力舰只的问题作出书面报告。当希特勒收到这份备忘录时，大加嘲弄，并且命令作为雷德尔的继任者邓尼茨拟订一项符合他的要求的计划。

在希特勒的周围，戈林和雷德尔之间就德国海军和空军的前途对比问题，爆发了一场激烈的冲突。雷德尔顽固地为 1928 年以来在他主持下的贡献坚持辩护。他一次又一次地要求成立一支独立的海军航空兵部队，但由于戈林坚持认为，空军在海上可以较海军更为有效地完成任务，因此，雷德尔的努力没有获得结果。戈林胜利了。雷德尔 1943 年 1 月 30 日辞职。继任者是野心勃勃的潜艇司令邓尼茨。一切有效的新舰只的建造，从此就由潜艇独占了。

英国皇家空军在这一年的年底为保护驶往苏联的一支同盟国的运输船队而作的英勇的战斗，直接在德国海军政策方面引起了一次严重的危机，也结束了建立另一支德国公海舰队的迷梦。

邓尼茨也是德国海军中的传奇人物，他创造的狼群战术让盟军吃尽了苦头。其主要战术队形即环形配置方式，敌舰一旦进入这个环形配置海区，第 1 艘发现敌舰的潜艇就与其保持接触，位于环形海区弧线上的其他潜艇则作为支援群投入战斗。

尽管在实施"狼群战术"时的组织指挥相当复杂，但由于邓尼茨在战前已经做了大量的准备和演习，因此总能得心应手地运用这种战术，把英国船队打得人仰马翻。几乎每一次战斗，邓尼茨都要从岸上的司令部实施严密的控制和指挥。他总是首先根据情报，判断出敌方的可能的航线，然后，在预定的截击点上布置好"狼群"。"狼群"的伏击线通常是与敌方航线成直角，并根据能见度的差异使每只"狼"都有20～30海里的距离，只要敌人的舰队通过，总会有一只"狼"先行发现，这只"狼"便立即向邓尼茨报告，并报

"狼群战术"中的 U 型潜艇

告与之有关的所有情况。邓尼茨根据发现敌踪的报告，用高频率无线电通知"狼群"中的其他潜艇，迅速向第 1 只"狼"靠拢，只有等所有的"狼"都到达指定位置后才开始组织攻击。"狼群"将首先驶往敌方舰队入夜后可能达到的位置上，然后，在那里等待天黑，再利用夜幕不易暴露的便利，穿透敌护航舰的屏障，对敌商船实施攻击。

令人惊讶的是，英国人由于过分相信自己的声呐探测器。根本没有做好应付德国潜艇狼群战术的准备。他们所依仗的声呐探测器，并不能发觉在护航舰队附近像鱼雷那样紧贴着海面活动的潜艇。当邓尼茨的潜艇发动夜袭时，英国的护航舰实际上就像瞎子一样，受他们保护的商船只好大倒其霉。多年后，英国的罗斯基尔海军上校在其著作中写道："当敌人的潜艇数量不足时，邓尼茨除了让各艘潜艇独立行动，发挥各艇长的能力外，别无他法。但是，当邓尼茨海军上将拥有较多数量的潜艇时，他就能指挥多艘潜艇实施协同攻击。他早就希望改变战术，于是逐步推行了'狼群战术'。这种战术的改变出人意料，使我们猝不及防。英国人认为，敌潜艇战术的发展给我们带来了严重的问题，因为敌人采取了我们从未见过的攻击样式，我们无论在战术上还是在技术上都没有准备好对付措施。"

只是无论邓尼茨多么神奇，他已经无法改变德国即将失败的结局了。

"吕佐夫"号袖珍战列舰

★ "吕佐夫"号袖珍战列舰

纳粹德国海军第二次世界大战时期共有 3 个级别的 7 艘战列舰，德意志级袖珍战列舰 3 艘，即"格拉夫·斯佩"号、"舍尔海军上将"号和"德意志"号（后更名为"吕佐夫"号）。"吕佐夫"号袖珍战列舰标准排水量 11 700 吨，满载排水量 16 200 吨，主机动力 57 000 匹马力，最高航速每小时 26 海里，舰载武器装备有 280 毫米口径主炮 6 门、150 毫米口径火炮 8 门、105 毫米口径火炮 6 门、40 毫米口径火炮 28 门及 8 管 533 毫米鱼雷发射管。

第五章
北冰洋上斗"瞎蝙蝠"

★ 此次出征，和"沙恩霍斯特"号战列巡洋舰同行的有5艘驱逐舰，舰队司令是埃里希·贝海军少将。他天生一副凶相，高鼻梁，粗脖子，身高马大，蓝色眼珠内总是闪烁着好斗的凶光。

★ "沙恩霍斯特"号战列巡洋舰立即转向，主副炮一起转向左舷。但是炮弹的闪光越来越密，近失弹落在"沙恩霍斯特"号战列巡洋舰的四周，掀起了一排排白晃晃的水柱。

★ 当第1颗照明弹的光亮渐渐消退的时候，从北面和西面又同时升起两颗照明弹，使德国军舰彻底暴露，贝少将落入英国军舰的包围中，唯一的对策就是凭借速度优势，尽快甩掉英国人。

★ 有3条鱼雷命中目标，分别击中了"沙恩霍斯特"号战列巡洋舰的首部、中部和尾部。冰冷的海水从德国军舰装甲列板的数十个破口涌进舱内，将来不及逃走的舰员毫不留情地淹死。

1. 聚焦北极航线

1942年年底，在北极水域内，英国驱逐舰护卫运输船队前往苏联北部的行动十分活跃，这曾使德军最高统帅部发生了一场危机，负责海军事务的雷德尔也被撤换了。

在1943年1月和3月间，北海航线处于极夜时间，在这条危险的航线上，又有两批运输船队起航，一批42艘，另一批6艘，各自单独地航行。

此次到达目的地的共40艘。在同一期间，从苏联各港口平安地驶回英国的船舶共36艘，损失的有5艘。

3月过后，北海航线又出现了长时间的白昼，使德国比较容易地对运输船队进行袭击。德国舰队的残余力量，包括"提尔皮茨"号战列舰、"沙恩霍斯特"号战列巡洋舰在内，都集中在挪威水域，并且在大部分的航路上成为持久的威胁。

北线苏联战场已经呈现白热化，但是南线大西洋战场的形势也是焦灼。对皇家海军来说，大西洋也具有决定意义，同德国潜艇的战斗正向一个非常危急的关头发展——英国驱逐舰所受的压力，已经超过所能忍受的程度了。

为了避免遭到更多的损失，负责支援苏联战场的北线运输船队

库尔斯克战役中的德军装甲部队

不得不延期起航，英国决定暂时停止向苏联输送供给物资，直到秋季黑暗期为止。

　　当时，苏联战场正进行着重大的会战，在库尔斯克突出部，苏军已经深入德军的战线以内，形成了一个重大的威胁，因此德国人决定从南北两个方向夹攻，企图强袭库尔斯克。苏联人早已十分警惕，严阵以待。

　　被后世称作"钢铁大绞杀"的库尔斯克之战终于以苏联红军的胜利而彻底扭转了战局，苏军不仅在陆地上证明了他们的新优势。

在空中，大约 2500 架的德国飞机，遭到了至少有两倍之多的苏联飞机的对抗，而且后者的效能已经有了很大的改进。

德国空军的实力，在战争的这一时期，已达到了它的顶峰，飞机总数约有 6000 架。但是能够用来支援这一决定性战役的飞机不到半数——这与盟军在地中海的牵制行动以及以英国为基地的盟军轰炸机多次袭击德国空军基地有关。

德国感到捉襟见肘，尽管在东线已居劣势，然而在 9 月间，他

苏军航空兵轰炸机群

们不得不削弱那里的实力，以便在西线保卫他们自己。到了冬季，德国战斗机全部实力的 3/4 部署在西线。苏军展开的迅速的和接二连三的袭击，使德军没有机会充分利用他们的空军力量。空军部队常从一个战区调到另一个战区，以便应付新的危机，不论他们调往何处，在他们的后面，总留下一个缺口，这就使他们发现苏联飞机具有压倒一切的实力。

9 月间，德军撤退到黑海。苏军迅猛地向前推进，全力追击。斯大林在与德国人拼死抗争的时候，对于盟军运输船队的暂时停航非常气愤，时不时给丘吉尔与罗斯福发电报，要求增援物资。21 日晚，苏联大使拜见丘吉尔，要求运输船队恢复航行。他指出，意大利舰队已经被消灭了，德国的潜艇已经放弃了北大西洋而转到南面的航路。波斯铁路不能运输足够数量的供应物资。苏联 3 个月以来，进行了一次范围很广的和全力以赴的攻势，然而他们在 1943 年所收到的军需补给还不到头一年的 1/3。因此，苏联政府坚决主张运输船队应当赶紧恢复航行，并且盼望在今后几天内采取一切必要的措施。

丘吉尔表示"如果是人力所能及的话，我们有责任重新开放北极运输航线，按照月亮的圆缺情况，从 11 月下半月开始。我们应在 11 月、12 月、1 月、2 月和 3 月，试行五次航行。该项计划应由海军部和战时运输部制订。我认为这是可以实行的。既然苏联人要求重新恢复这些运输船队，我们便有权利向他们提出一个非常明确的要求，即改善我们驻在苏联北部的工作人员的待遇。"

当议院举行会议讨论时，一个好消息传来："提尔皮茨"号战列舰因为英国小型潜艇发动的英勇袭击而丧失了战斗力。

参加作战的6艘小型潜艇中，有两艘突破了敌人精心布置的防御设施。它们的指挥官卡梅伦上尉（皇家海军后备役）和普莱斯上尉（皇家海军现役）被德国人捞救起来后，成为战俘，后来他们获得了维多利亚十字勋章。

事后，空中侦察表明，该战列舰受伤颇重，必须进坞修理后才能重新参战。德国军舰"吕佐夫"号袖珍战列舰已驶往波罗的海。因此，在北冰洋水域，英国人获得了一个喘息机会，或许能够持续几个月之久。于是，丘吉尔决定再派出运输船队。

斯大林非常高兴，回复丘吉尔："先生，英国政府向苏联提供的军备和其他军用物资，只能是义务而不是其他。这项义务是经我们两国之间的专门协议，由英国政府对苏联承担的，苏联已经是第3年担负着对盟国的共同敌人希特勒德国作战的重担。而且也不容忽视这一事实：北方路线是盟国能够在最短期间内把供应的军火送到苏德战场的最短路线。如果不充分利用这条路线，那就不可能实现向苏联提供适当数量的供应物资的计划。顺便说一下，由于某种原因，今年经由北方路线运来的军需物资，比起去年收到的物资有大量的减少。这就使得苏联无法完成预定的向军队提供军事供应的计划，同时也是违反英苏有关军事供应的议定书的。因此，在目前，

英国小型潜艇

当苏联军队为了战胜我们共同的敌人的主力，而竭尽全力来满足前
线的需要时，不能容许把苏军的供应依赖于英国方面的任意决定。"

罗斯福也从中斡旋，丘吉尔决心再次恢复运输船队了。1943 年
12 月，随着盟军在大西洋上的节节胜利，可以抽出部分护航军舰用
于北极航线，这样北极航线再次开通。

12 月 12 日，编号为 JW-55A 的船队从英国埃韦湾出发，该船
队有 19 艘运输船。12 月 18 日，在熊岛以东海域活动的德军 U-636
号潜艇发现了船队，但因护航军舰的压制无法接近船队，也就无法
实施攻击。德军指挥部接到这一情报时，已经太晚，来不及采取措

施进行拦截。两天后，英国船队安全抵达苏联科拉湾。由英国海军本土舰队司令弗雷泽海军上将亲自指挥的由 1 艘战列舰、1 艘巡洋舰和 4 艘驱逐舰组成的远距掩护编队，因为担心德军水面舰艇的攻击，破例一直将船队护送到科拉湾，接着前往冰岛加油，然后出航为编号为 JW-55B 和 RA-55A 的两支船队提供远距掩护。

12 月 20 日，编有 19 艘运输船的 JW-55B 船队从英国出发，护航兵力为 10 艘驱逐舰、2 艘护卫舰和 1 艘扫雷舰。

德军的容克—88 式轰炸机群

3 天后，RA-55A 船队则从苏联科拉湾起航，该船队由 22 艘运输船组成，由 10 艘驱逐舰、3 艘护卫舰和 1 艘扫雷舰护航。伯内特海军中将指挥的 3 艘巡洋舰活动于巴伦支海，作为近距掩护。

12 月 22 日，德军侦察机发现 JW-55B 船队，由于时间已晚，德军没有组织攻击。翌日，德军数十架容克 -88 轰炸机前来攻击，但在护航军舰的有效抗击下，被击落 2 架未获战果。同时，德军向熊岛海域派出了由 8 艘潜艇组成的艇群，准备拦截该船队，并命水面舰艇做好出海准备，随时准备出发。

当时，邓尼茨的"狼群"潜艇在大西洋上和盟军强大的反潜兵力进行殊死搏斗，在挪威海负责封锁盟军航线的只剩下德国水面舰艇部队。

为了掩护北极护航队，英国皇家海军屯重兵于本土，严密监视着德国海军在挪威的举动。经过激烈的较量，皇家海军占了上风。到 1943 年末，德国大型水面舰只除已被击沉的"俾斯麦"号战列舰和"斯比伯爵"号袖珍战列舰外，"提尔皮茨"号战列舰被皇家海军的袖珍潜艇击伤，"格奈森诺"号战列巡洋舰在空袭中严重受损，"舍尔海军上将"号袖珍战列舰和"纽伦堡"号轻巡洋舰在波罗的海疲于奔命，"欧根亲王"号重巡洋舰遭英国潜艇鱼雷暗算，"吕佐夫"号袖珍战列舰则躺在坞内修理主机。

其余几艘不能出海作战，已降格为训练舰只使用，因此，德国海军总司令邓尼茨得到潜艇和飞机报告，由 19 艘商船编成的护航运输队正以 8 节航速通过挪威海时，他手中唯一能够动用的大型战舰，只有"沙恩霍斯特"号战列巡洋舰了。

"格奈森诺"号战列巡洋舰此时躺在基尔的船坞内，几次三番遭到英机轰炸，一直未能修好。"沙恩霍斯特"号战列巡洋舰只好独自出行。

"沙恩霍斯特"号战列巡洋舰的首任舰长是奥托·西利亚克斯，一直任职到大战爆发；第 2 任舰长是库尔特·霍夫曼，他的任期正是"沙恩霍斯特"号战列巡洋舰建功立业的鼎盛时期；第 3 任舰长弗里德里希毫无建树，从 1942 年 4 月到 1943 年 10 月，"沙恩霍斯特"号战列巡洋舰都是待在船坞和峡湾内；目前是第 4 任舰长弗里茨·J·欣策，他刚刚走马上任，就接到了邓尼茨的出击命令。

出征之前，码头上鼓乐喧天，热闹非凡，人们用鲜花、掌声和欢呼为他们心目中的英雄们壮行。驻锚在挪威阿尔塔峡湾的"沙恩霍斯特"号战列巡洋舰骄傲地昂起它那杀气腾腾的 9 门 280 毫米巨炮，将人们对它的颂扬与景仰一股脑儿地全盘收下。

即便是身处隆冬的北欧海峡，也遮盖不住此时屹立在舰桥上的德国舰队司令埃里希·贝少将脸上的得意。站立在他身旁的是同样意气风发的新任"沙恩霍斯特"号战列巡洋舰舰长弗里茨·J·欣策。两个人一边交谈，一边不失时机地向着送行的人们挥手示意，而这样的举动往往又能引起更为热烈的回应。

这样的场面不由得使他们回想起 1936 年 10 月 3 日，在威廉

"沙恩霍斯特"号后甲板上的 3 门 280 毫米主炮

萨文海军基地正在举行盛大的"沙恩霍斯特"号战列巡洋舰的下水典礼。作为纳粹帝国第 1 艘巨无霸级的超级战舰，它引起了全世界的注目，同时也被不甘居于人下的德国人寄予了厚望。当年的海军总司令雷德尔陪同元首希特勒出席了这一盛典。尽管在检阅仪仗队时，雷德尔决意不行纳粹举手礼，跟在希特勒身后的他只行了传统的军礼，与此时野心勃勃、张狂外露一丝不苟地举起右臂检阅仪仗队的元首共同构成了一幅滑稽可笑的画面。但是早已被"千年帝国"美梦冲昏了头脑的希特勒好像并没有在意雷德尔的不和谐的举动。典礼的高潮来到了，38 000 吨级的"沙恩霍斯特"号战列巡洋舰徐徐滑入水中,这一刻深深地印在所有舰员的心中。作为海军的一员,他们感到了一种自豪和幸福。

此次出征,和"沙恩霍斯特"号战列巡洋舰同行的有 5 艘驱逐舰,舰队司令是埃里希·贝海军少将。他天生一副凶相,高鼻梁,粗脖子,身高马大,蓝色眼珠内总是闪烁着好斗的凶光,他的同僚叫他"凶狠的贝"。受命指挥"沙恩霍斯特"号战列巡洋舰之前,他是德国海军驱逐舰部队司令。他的海军生涯大多是在驱逐舰上度过的,一年多来,他一直转战北极海,曾经参加过击沉英国"爱丁堡"号巡洋舰的战斗。

其实埃里希长期和驱逐舰打交道,不太熟悉大舰,"沙恩霍斯特"号战列巡洋舰上高耸的桅楼使他有点犯晕,这是他平生第一次

德国纳维克级驱逐舰

指挥战列巡洋舰，因此他很重视"沙恩霍斯特"号战列巡洋舰的舰长弗里茨·J·欣策。

出海后，天气变得格外糟糕，猛烈的北风发出尖厉的呼啸，扫荡着挪威连绵的雪峰。埃里希并不担心"沙恩霍斯特"号战列巡洋舰，"沙恩霍斯特"号战列巡洋舰可以冒着大风出海。他牵肠挂肚的是5艘同行的纳维克级驱逐舰，他曾经婉转地请求邓尼茨推迟作战，因为这种天气实在对驱逐舰不利。

邓尼茨一口拒绝，严令他立即出海，干掉只有10艘驱逐舰只护航的英国护航运输队。

时值隆冬季节，白昼只有两三个小时，加上浓雾遮裹，舰只实际上是要在一片昏黑之中和对手作战。"沙恩霍斯特"号战列巡洋舰首尾各装了一部雷达，但工作距离短，性能远远赶不上英国军舰。在它接近护航运输队之前，英国军舰肯定会有察觉。此外，舰上还有大约80名见习军官和100名尚未受过训练的新兵，他们根本代替不了离舰度假的军官和老兵。经再三讨价还价，邓尼茨才同意从"提尔皮茨"号战列舰调来一批军官和骨干士兵。

★"格奈森诺"号战列巡洋舰没能参战

1942年2月26日至2月27日，英国皇家空军出动了178架轰炸机对停在基尔港的"格奈森诺"号战列巡洋舰发动了空袭，并打掉了它的船头。与平时修理不同，由于原本预计2个星期内就会修完，所以没有卸载弹药，却因为这次的攻击而被引爆，"格奈森诺"号战列巡洋舰的整个船头部分因为爆炸而被毁。经过紧急抢修后，"格奈森诺"号战列巡洋舰卸下它的弹药和炮管于格丁尼亚，并转入后备役大修。

虽然"格奈森诺"号战列巡洋舰已于1942年至1944年间维修完毕，但自1943年7月它就被搁置着，没有投入现役部队中。在此期间，海军试着将其279毫米炮塔换成俾斯麦级战舰使用的380毫米双联装炮塔，还要将它的船头延长10米，并将它所有105毫米和150毫米的火炮全部换成22门128毫米的火炮。然而后来放弃了。"格奈森诺"号战列巡洋舰最后在1945年3月23日被凿沉作为阻塞舰，战后被波兰打捞了上来，拆毁作为废铁处理。

2. 英国重兵杀向北冰洋

1943年12月25日，圣诞节。

22时，以"沙恩霍斯特"号战列巡洋舰为首的舰队驶抵斯特杰诺岛，一小时后，又驶过索罗南岸。

天空刮起了西南风，海浪重重叠叠，不顾一切地撞击着岸边的岩石，发出天崩地裂的巨响。贝少将下令舰队转向北驶，他打算在26日10时截住护航运输队。

天气太坏，导航十分困难。但是，自从 23 日一架德国飞机发现目标之后，他就一直掌握着英国运输队的行踪，邓尼茨派了 8 艘潜艇在挪威北角和熊岛之间的开阔水域建立了一道巡逻线，尽管北冰洋面暗无天日，U-601 号和 U-716 号潜艇 25 日还是发现了行驶缓慢的护航运输队 JW-55B，并将位置报告了"沙恩霍斯特"号战列巡洋舰。

贝少将立即下令，舰队排成 V 形队列破浪北进。

事实上，皇家海军早就做好了跟贝少将摊牌的准备。当邓尼茨派"沙恩霍斯特"号战列巡洋舰出击时，他只知道英国护航运输队已从苏格兰的埃韦湾起航，护航兵力单薄，因此想借机以强凌弱，给德国水面舰艇挽回一点面子。但是，邓尼茨并不知由 22 艘商船编成的另一护航运输队 RA-55A 也同时驶离苏联，正在返回英国的路上——两支护航运输队都有一支实力相当可观的支援部队，支援部队和护航运输队之间，只保持着一定距离。

这时，皇家本土舰队司令布鲁斯·弗雷泽海军上将坐镇冰岛的阿库雷亚，旗舰为 35000 吨的"约克公爵"号战列舰。他打算先为支援部队加油，然后再尾随 JW-55B 护航运输队北上。RA-55A 护航运输队则由伯内特海军中将负责支援，兵力编成为"贝尔法斯特"号重巡洋舰、"诺福克"号重巡洋舰和"谢菲尔德"号巡洋舰 3 艘巡洋舰。

23 日，弗雷泽收到 JW-55B 护航指挥官麦科伊海军上校的报告，

英国"贝尔法斯特"号重巡洋舰

护航运输队遭到德机攻击，击落敌机两架，一架仍尾随不舍。

弗雷泽料到邓尼茨会采取行动，躲进挪威峡湾的"沙恩霍斯特"号战列巡洋舰可能会半道打劫，当晚，他就顶着狂风恶浪率领支援部队出航，以尽快缩短和麦科伊的距离。支援部队以24节航速前进，这是"索马斯"号驱逐舰、"野人"号驱逐舰、"蝎子"号驱逐舰和"斯托尔德"号驱逐舰搏击风浪的最大航速。24日午后，他打破无线电静默，通知两支护航队报告位置。26日晨，他收到海军部发来的急电，"沙恩霍斯特"号战列巡洋舰已经出动。一名英国特工打入了阿尔塔峡湾，亲眼目睹了埃里希·贝少将出海的情景。弗雷泽当即电令 JW-55B 护航运输队转向右行，躲入熊岛北面流冰拥塞的航道。4 艘护航舰只——"无比"号驱逐舰、"步枪手"号驱逐舰、"凑巧"号驱逐舰和"泼妇"号驱逐舰脱离运输队，加入伯内特的支援部队。

　　伯内特加速行进，赶到 JW-55B 编队和"沙恩霍斯特"号战列巡洋舰之间占领阵位。弗雷泽还同时命令护航运输队 JW-55B 转向行驶 3 小时，以干扰埃里希·贝少将推算船队的航线。

"约克公爵"号战列舰上的 356 毫米火炮

随着伯内特的3艘巡洋舰由东向西，弗雷泽的大部队由西向东，张开的大口要合上了。皇家海军占绝对压倒优势，单是"约克公爵"号战列舰的10门356毫米火炮，一次齐射就能朝"沙恩霍斯特"号战列巡洋舰发射7吨穿甲弹。

"沙恩霍斯特"号战列巡洋舰此时向北猛插。驱逐舰只吃力紧随，大浪涌上尾甲板，使它们摇摆不定，常常偏航。26日7时30分，舰队驶达熊岛东南大约40海里的洋面，没有像预计的那样找到英国护航运输队。

贝少将认为舰队航速过快，向北走得太远，于是下令"沙恩霍斯特"号战列巡洋舰掉头，让驱逐舰拉开距离，向南搜索推进。

转向后，舰队顶风行驶。前方，驱逐舰在风浪中跌跌撞撞，掀起了片片浪花。回首北方，天空黑乎乎的。贝少将和欣策舰长并肩站在舰桥内，凝望着起伏动荡的大海，不禁暗自心惊。他下令做好战斗准备，舰员们纷纷领取急救带，在舰上布放支撑板。炮手就位，动作笨拙地将660磅穿甲弹装进了主炮炮膛，瞭望员穿着防寒衣和厚厚的大衣，围着围巾，戴着耳罩和皮手套，周身只露出一双骨碌碌的眼睛。

8时40分，伯内特的旗舰"贝尔法斯特"号巡洋舰在17海里的距离上，捕捉到一个微弱雷达信号。9时21分，"谢菲尔德"号巡洋舰冰雪封冻的舰桥上，一名瞭望员斜眯着眼，迎着刺骨的寒风，在西南方向发现了"沙恩霍斯特"号战列巡洋舰的灰色舰桅，

"谢菲尔德"号巡洋舰

距离大约 6 海里。

这时,弗雷泽统率的支援部队,尚在西南大约 150 海里的水域,正在顽强地与风浪搏斗。

"沙恩霍斯特"号战列巡洋舰上的雷达也发现了 3 艘英国巡洋舰。埃里希·贝走出舰桥,登上了左舷的露天甲板。他翻起大衣领遮住耳朵,极目远望,若明若暗的北极晨光里,海天一片混沌。

9 时 24 分,舰队上空突然发出一声尖脆的爆炸。他猛一抬头,只见一发信号弹光彩四射,耀人眼目。天空变成了紫蓝色,美丽的光幕映衬着水面跳跃飞溅的浪花,将栖身在浪谷里的"沙恩霍斯特"号战列巡洋舰的暗影拉得修长。

"敌舰!"贝少将大声喊道。

暴风雪扑面而来,瞭望员睁眼困难,加上信号弹光亮耀眼,使他们迟迟未能发现目标。几分钟后,北面出现了一连串的闪光,"诺福克"号重巡洋舰的 203 毫米炮开火了。炮弹发出声声长啸,从"沙恩霍斯特"号战列巡洋舰的主桅上方飞过。信号弹被强劲的大风吹开,熄灭了。

"左舵!"欣策下达了舵令。接着,他又用颤抖的声音喊道:"准备射击!"

"沙恩霍斯特"号战列巡洋舰立即转向,主副炮一起转向左舷。但是,直到此时,贝少将还未发现伯内特的巡洋舰。炮弹的闪光越来越密,近失弹落在"沙恩霍斯特"号战列巡洋舰的四周,掀起了

航行在北极海面上的"沙恩霍斯特"号

一排排白晃晃的水柱。

一会儿，雷达兵激动地大叫起来，发现英国军舰，贝少将赶忙询问距离和方向，恰在这时，一颗炮弹击中了主桅。桅顶被炸飞，钢铁破片像雨点一样落满了上层建筑。主桅猛烈地晃动着，雷达荧光屏上，顿时一片灰白。"这不是驱逐舰发射的炮弹！"贝说。他茫然不知所措，黑幕中射来的猛烈而又准确的炮火，使他很快猜到"沙恩霍斯特"号战列巡洋舰遭到了一支大舰队的围攻。约翰尼森的驱逐舰队已分道搜索，无法助他一臂之力。雷达失去了作用，"沙恩霍斯特"号战列巡洋舰成了瞎蝙蝠，除了盲目还击外，只有走为上策了。

"我们得干好点，上校！"他侧过身来，面对欣策："加速，直向南开！"

"沙恩霍斯特"号战列巡洋舰舰首缓慢右移，吃力地骑上了巨涛。这时，一颗炮弹击中左舷，炸起的钢铁碎片满天飞舞，打得舰桥咯咯直响。忽然，一颗炮弹击穿舰首，钻进了舰员住舱。炮弹没有爆炸，是一颗哑弹！"沙恩霍斯特"号战列巡洋舰用尾主炮胡乱还击，无一命中。

贝少将认定，他的对手中，至少有一艘重巡洋舰。"沙恩霍斯特"号战列巡洋舰航速快，双方很快拉开距离。9时40分，"诺福克"号重巡洋舰停止炮击。

贝反复打量着海图，又用两脚测量了几个距离，接着冲欣策狡黯一笑："敌人追不上我们，我想再次去找护航运输队。保持这个航向走到10时，然后向左大迂回，向北航进，中午，我想可以截住目标。如果护航运输队改变了航向，约翰尼森应能找到。"

9时46分，贝向邓尼茨拍发了一份电报："和敌巡洋舰交火，敌舰配有火炮瞄准雷达。"这时，主雷达天线毁坏太厉害，在海上无法修理。贝叫苦不迭，"我们真成瞎蝙蝠啦！"太阳挂在南边天空的最低点，即使到了正午，也不会跃出海平面。在这段时间内，"沙恩霍斯特"号战列巡洋舰仍有观察能力。他燃起了一线希望，于是断然命令欣策，继续率舰北进。

根据英国水兵的回忆，圣诞节那天的遭遇战实在是偶然：

……

12月25日上午，弗雷泽认为RA-55A船队尚未被德军发现，而且不久将驶离德军水面舰艇活动的危险海域，而JW-55B船队距离较近有可能遭到德军攻击，便命令从RA-55A船队的护航军舰中抽出4艘驱逐舰加强JW-55B船队的护航力量，并命令JW-55B船队航向进一步偏北，以尽可能远离危险海域。

当天14时，德军北方海军指挥部下令出动水面舰艇对JW-55B船队实施攻击。贝少将指挥"沙恩霍斯特"号战列巡洋舰和5艘驱逐舰出航，邓尼茨为了消灭JW-55B船队，除了出动水面舰艇外，还要求驻挪威的德国空军提供空中掩护，并在贝率领舰队出海后特别指示，强调要采取巧妙而果敢的战术，如果遭遇英军大型水面舰艇编队，应迅速放弃对船队的攻击，主动撤出战斗，保证"沙恩霍斯特"号战列巡洋舰的安全，德军此时在挪威，能够投入使用的大型军舰就只剩下"沙恩霍斯特"号战列巡洋舰了。

弗雷泽很快就得到了这一情报，立即命令 RA-55A 船队转向北航行，以借助熊岛以北海面大面积流冰的掩护，增援 JW-55B 船队的 4 艘驱逐舰则加入伯内特的巡洋舰编队，该巡洋舰编队加速航行，赶在 JW-55B 船队与德军舰队之间，然后由东向西，自己率领战列

"沙恩霍斯特"号 280 毫米前主炮齐射

舰编队由西向东，形成对德国军舰的包围。

德军 U-601 号潜艇和 U-716 号潜艇克服能见度低的困难，发现了船队，并将船队的位置、航速、航向等通报给贝舰队。

12 月 26 日 7 时 30 分，德军舰队到达熊岛东南约 40 海里海域，这是德军根据侦察机的报告，推算出的截击同盟国船队海域，贝下令各舰拉开距离，向南搜索船队。

8 时 40 分，伯内特的旗舰"贝尔法斯特"号巡洋舰雷达在 31 公里距离上捕捉到了一个微弱的信号。9 时 21 分，英国另一艘巡洋舰"谢菲尔德"号巡洋舰的瞭望员发现约 11 公里外的德国军舰，此时海上的形势是，RA-55A 船队已经脱离了危险，JW-55B 船队则吉凶未卜，弗雷泽的编队还有 150 海里（约合 270 千米）距离。

9 时 24 分，英国军舰首先向德国军舰发射照明弹，德国军舰意识到英国军舰就在附近，但德国军舰正是顶风航行，风雪交加扑面而来，瞭望员根本无法发现目标，而德国军舰雷达性能又差，也无法迅速发现目标，就在德国军舰茫然不知所措的时候，英国军舰 203 毫米的主炮开火了，密集的炮火在德国军舰四周掀起了巨大水柱，德国军舰只能按照英国军舰炮火大致位置还击，交战中德国军舰雷达刚发现英国军舰，正要确定其方位，英军"诺福克"号重巡洋舰的一发炮弹正好命中其主桅，桅杆顶部被炸飞，安装在主桅上的顶部雷达被彻底炸毁。

贝深知在暗无天日的北极海上，没有雷达是根本无法作战的，立即下令转舵撤退，但仍接连被英国军舰两发炮弹击中，好在其中一发是哑弹，才没有造成严重损害。

"沙恩霍斯特"号战列巡洋舰凭借着航速，很快就与英国军舰拉开了距离，9时40分，英国军舰停止了炮击。

当"沙恩霍斯特"号战列巡洋舰摆脱英国军舰之后，如果凭借其航速优势，迅速掉头返航，是完全有可能逃脱英军的包围，但贝没有这样做，因为他深知，消灭JW-55B船队，可以使苏军的作战准备推迟一个月之久，所以他决定利用中午前后短暂的日照时间，再次搜寻JW-55B船队，做最后的努力。于是指挥"沙恩霍斯特"号战列巡洋舰改向东北。

★弗雷泽元帅

布鲁斯·奥斯丁·弗雷泽，英国海军元帅。大战爆发时任海军部第三海务大臣和军需署署长。1941年5月回到海上勤务，在本土舰队历任副司令、司令，率舰队参加大西洋之战。1943年12月，指挥击沉德国"沙恩霍斯特"号战列舰的北角海战。1944年秋调任英国东方舰队司令，同年11月成为新组建的英国太平洋舰队司令。参与了对日本的最后打击，在"密苏里"号战列舰上参加日本投降仪式，并代表英国签字。战后曾任首席海务大臣。

3."瞎蝙蝠"苦战突围

当"沙恩霍斯特"号战列巡洋舰向左迂回，改取东北航向时，"贝尔法斯特"号重巡洋舰上的雷达兵没有引起警觉，结果失去了接触。伯内特判断准确，一眼就看穿了德国军舰避战的真实目的，他下令停止追击，让3舰折向西北，企图抢先赶到护航运输队的前面坐待"沙恩霍斯特"号战列巡洋舰。

伯内特舰队虽同向北进，但和埃里希·贝一东一西，正好岔开。

10时30分，从RA-55A船队抽调出的4艘驱逐舰与伯内特编队会合，伯内特随即命令驱逐舰在巡洋舰前方呈扇形展开，搜索前进。不久，又与JW-55B船队会合，伯内特指挥掩护编队在船队前方展开，成掩护态势，这时弗雷泽海军上将统率的支援部队仍在西南方向行进，距离约为100海里。

德军侦察机其实已经发现弗雷泽编队，由于天气恶劣，能见度很低，飞行员发回的报告含糊不清——北角西北100海里发现一支东向舰队，其中可能有一艘战列舰。

而接到报告的德军指挥官处事呆板，要求报告必须准确清楚，不能有可能、大概之类的语句，便将关键的"可能有一艘战列舰"

这一句删去，然后才转发给贝。

贝少将看完电报，颇觉意外。他一边皱起眉头，一边嘟囔道："电报说有 5 个目标：这是怎么回事？"

"不会是我们的驱逐舰。"欣策说。

"不，不会。约翰尼森不会落得那样远。也不是护航运输队，太少，离海岸太近。它们一定是英国军舰。"

贝盯着海图看了好几分钟，然后又打量着电文："嗯，欣策，我们不必理睬它们，我们的目标是护航运输队。"

德军 BV-138 式水上侦察机

　　贝继续以 30 节航速北上，在英国巡洋舰东北方向 18 海里处行驶。不久，他又下令转向左行。灰蒙蒙的天空下，出现了微弱的光亮。"沙恩霍斯特"号战列巡洋舰穿过阴沉沉的迷雾和翻腾的大海，一味向西航进。

　　12 时 05 分，掩护 JW-55B 东进的伯内特支援部队雷达发现目标，距离 15.5 海里。一分钟后，"贝尔法斯特"号重巡洋舰向"约克公爵"号战列舰拍发了发现敌舰的紧急电报。根据目标的航向和航速，伯内特毫不怀疑对手就是"沙恩霍斯特"号战列巡洋舰。JW-55B 运输队迅速改向东南行驶，伯内特仍向东北航进，插到了 JW-55B 和德国军舰之间。

　　贝少将和欣茨舰长没有发现英国舰队。他们期待的午间日光被一场风暴断送，能见度相当低。

　　一连数小时，瞭望员站在冷风刺骨的平台上，北极海中奇怪的光晕使观察员常常产生错觉。欣策也时常为这种变化莫测的虚境所捉弄。他一再提醒瞭望员，要保持警惕。"沙恩霍斯特"号战列巡洋舰转向，航速减至 20 节。

　　贝左右为难，雷达坏了，日光又暗，驱逐舰只也没有找到护航运输队。他颇觉失望，久久地注视着大海，神情沮丧。时间一秒一秒地过去了，12 时 20 分，能见度大约为 12 公里。右舷瞭望员举起望远镜，镜中出现了一团隐约的暗影。他揉揉眼，再次扫视着那个可疑的方向。"正前方，发现敌舰！"他惊叫道。在这片暗无天日的洋面上，英德双方舰只正相向而行，不期而遇了。

"沙恩霍斯特"号战列巡洋舰的首部测距仪开机工作，两座前主炮抬起炮口，转向右舷。枪炮官连声呼喊："瞄准目标！瞄准目标！"欣策背起双手，大叫道："开炮！"

当"沙恩霍斯特"号战列巡洋舰从左舷的浪谷中跃起时，280毫米炮开始喷出了一道道橘红色的火球。甲板上翻起团团白色的硝烟，经冷风一刮，四下乱窜。

英国军舰开炮还击，巡洋舰的203毫米炮弹落到德国军舰四周，炸起了无数水柱。伯内特令驱逐舰勇猛接敌，发射鱼雷，大海疯狂到了极点，驱逐舰只拼命挣扎，也无法进入发射阵位。双方相距约6海里，炮战激烈进行，持续了整整20分钟。"谢菲尔德"号巡洋舰受到交叉射击，负了轻伤。12时33分，"诺福克"号重巡洋舰命中一弹，上层建筑起火燃烧。

"沙恩霍斯特"号战列巡洋舰处境不妙，它中了数发203毫米炮弹和若干小口径炮弹，只好趁势收兵。

贝少将念念不忘自己的打击目标，摧毁了JW-55B护航运输队，就可以破坏苏联的作战计划。但是，眼下的处境太险恶了。雷达受损，约翰尼森的驱逐舰队不在左右，风暴越来越大，巡逻的德国潜艇在汹涌、黑暗的洋面上，也不能在潜望镜深度行驶作战。

"毫无希望了，欣策！"贝情绪低落，"没有雷达，我什么也干不成。我要中断作战，向阿尔塔返航！"欣策完全同意。

一艘盲目乱撞的德国军舰，和一个实力不明、目光锐利的对手较量，只能甘拜下风。"沙恩霍斯特"号战列巡洋舰随即转向，航速增至 28 节，回程不到 200 海里。

13 时，向南搜索的德军驱逐舰与 JW-55B 船队相距仅 10 海里（约合 18 公里），但海面一片昏暗，德军仍然没有发现，双方擦肩而过。

14 时 30 分，欣策打开了扩音器，向全体舰员宣布贝少将的返航命令。炮手们都长长地嘘了一口气。

贝和欣策不敢掉以轻心，在"沙恩霍斯特"号战列巡洋舰转向南驶的时候，贝少将发现英国军舰正尾追而来。"谢菲尔德"号巡洋舰轴承出了故障没有继续追，"贝尔法斯特"号重巡洋舰、"诺福克"号重巡洋舰以及 4 艘驱逐舰，却顽固地用雷达进行着盯梢。

凭仗"沙恩霍斯特"号战列巡洋舰的航速快，贝少将命令减速，企图杀对手一个回马枪，然后再趁机甩掉尾巴。不料天公不作美，微弱的日光好像被魔鬼突然盗走似的，使英国军舰很快又消失在暗幕之中。贝懊恼万分，英国军舰不战而逃，肯定是在通报他的位置，等待援兵。

15 时 30 分，贝再次审视着海图，望着图上的那个神秘点，心中隐隐不安。几个小时前，侦察机在那儿发现了"五个目标"。可除了尾随英国军舰在偶尔拍发密码电报外，没有其他舰船发报。

天空浑浑沌沌，漆黑一团。贝让欣策通知瞭望哨，要加倍提高

"约克公爵"号战列舰

警惕。

　　这时，伯内特海军中将用雷达死死地盯上了"沙恩霍斯特"号战列巡洋舰，不断向"约克公爵"号战列舰报告着它的位置。因此，弗雷泽海军上将不用打破无线电静默，就能在海图上准确无误地找到德国军舰。16时，弗雷泽知道自己很快就要截住对手。17分钟后，雷达兵果然发现了"沙恩霍斯特"号战列巡洋舰，距离22海里。

　　"约克公爵"号战列舰迅速接敌。"沙恩霍斯特"号战列巡洋舰的雷达回波轮廓清晰，标位毫不费力。战列舰的356毫米大炮缓缓转向左舷，尽管黑夜漫漫，炮手还看不到德国军舰的影子，但由于有炮瞄雷达，仍可进行瞄准。

　　16时30分，各炮完成射击准备。双方距离在缩短，16海里……12海里。16时40分，弗雷泽大声下令："通知'贝尔法斯特'号重巡洋舰，朝目标舰发射照明弹！"

　　几分钟后，从"沙恩霍斯特"号战列巡洋舰的尾部升起了一颗亮点。贝不知道英国军舰会从那个方向下手，他盲目下令让舰首两门主炮瞄准正前方。有片刻功夫，他简直不知所措。欣策让左舷高射炮开火，企图击落那颗照明弹。

　　"我们遇到麻烦了，欣策！"

　　"可什么也没有看到啊，长官。"

　　贝极目搜索着洋面，眼睁睁地瞧着照明弹的可怕光亮照耀着汹涌的波涛。

"什么也看不到！"他自言自语地重复几分钟后，弗雷泽开火了。贝发现了水平线上的闪光，欣策当即命令前主炮右转35°，但是，不等它们开火，"约克公爵"号战列舰的6颗356毫米穿甲弹就飞越洋面，在"沙恩霍斯特"号战列巡洋舰周围炸起了高大的水柱。弹片夹杂着海水飞上天空，又散落到甲板上。贝望着飞溅的泡沫，搜索着右舷首部的扇面，望远镜内，终于出现了"约克公爵"号战列舰的模糊影子。

"一艘战列舰，欣策，左舵！"

"沙恩霍斯特"号战列巡洋舰转向东行。一会儿，贝又向德国海军总司令部拍发了一份报："我舰正与一艘大舰交战！""沙恩霍斯特"号战列巡洋舰在挪威海岸以北30节高速东进，以躲避英国军舰炮火。

当第1颗照明弹的光亮渐渐消退的时候，从北面和西面又同时升起两颗照明弹，使德国军舰彻底暴露，贝少将落入英国军舰的包围中，唯一的对策就是凭借速度优势，尽快甩掉英国人。"开足马力，全速前进！"他喊道。

从敌舰炮口的闪光，航海官绘出了英国舰队的运动坐标。贝发现，伯内特的巡洋舰队同样转向东驶，在北面大约10海里处与"沙恩霍斯特"号战列巡洋舰平行航进。舰尾偏南方向是威力强大的"约克公爵"号战列舰、"牙买加"号巡洋舰和4艘驱逐舰。

"约克公爵"号战列舰的火炮齐射

　　"沙恩霍斯特"号战列巡洋舰锅炉沸腾，主轴飞旋，航速增大到了 31 节。它和英国军舰拉开了距离，然而仍未逃出"约克公爵"号战列舰的火炮射程，伴随一声巨响，舰桥前方迸出一道强光，一座主炮中弹起火。几分钟内，大火蔓延到了另一座炮塔。炮塔下面的弹药舱进水，运弹手钻到冰水刺骨的舱内，抢运着干燥的弹药。大火被迅速控制住了，但一门主炮受损导致火力锐减。

　　欣策且战且退，时而让战舰右转，用首部另一主炮和尾主炮轰击弗雷泽。每次转向，左舷的 150 毫米副炮都一起开火，将 45 公斤重的穿甲弹倾泻向英国军舰。

　　"约克公爵"号战列舰中了数发 280 毫米炮弹，主桅被炸断。

弗雷泽没有停止追击，一颗 356 毫米炮弹撕开了"沙恩霍斯特"号战列巡洋舰尾部附近，"约克公爵"号战列舰一路穷追猛打，使"沙恩霍斯特"号战列巡洋舰连连中弹。

"沙恩霍斯特"号战列巡洋舰前主炮排烟装置被毁，炮位硝烟弥漫，炮手无法操作。几门 150 毫米副炮被炸飞，炮手死伤累累。一颗炮弹击中水管上部，钻进 1 号锅炉舱，炸穿了一根蒸汽管。

锅炉内的压力下降，"沙恩霍斯特"号战列巡洋舰减速。机电长科尼格拼命地冲进热浪翻滚的舱内，和助手一起堵死了被弹片撕

"约克公爵"号侧舷上的双联装 133 毫米副炮

裂的蒸汽管。舰桥内，速度计又开始回升，很快便恢复了航速。

"沙恩霍斯特"号战列巡洋舰和"约克公爵"号战列舰重新拉开了距离，18时20分，英国战列舰停止了炮击。贝等了片刻，不见英国军舰发炮。他扫视着海图，准备驶向北角和阿尔塔峡湾之间的一个隐蔽港口。

"沙恩霍斯特"号战列巡洋舰已经遍体鳞伤，甲板上血水斑斑，到处都有死伤的官兵。不过，由于水线以下未伤皮毛，它仍能以26节高速行驶。贝看看表，时间是18时30分。

"欣策，按这个航向走半小时，然后再转向南驶。"他说。欣策精神大作，向全体舰员训话："全舰注意，我是舰长。"他清了清嗓门，"我要向枪炮、轮机和损管部门表示祝贺，你们的表现充分体现了海军的传统。'沙恩霍斯特'号战列巡洋舰永远向前！"

据英国水兵回忆：

……

17时10分，"约克公爵"号战列舰与德国军舰的距离已经缩短到20公里，弗雷泽命令伯内特向德国军舰发射照明弹——很快德国军舰尾部出现了一颗光点，随即将德国军舰照得透亮，贝不知道英军会从哪里发起攻击，只好盲目命令主炮瞄准正前方，并让左舷高射炮击落照明弹。

17时15分，"约克公爵"号战列舰主炮开火，德国军舰这才根据英国军舰炮口的火光发现英国军舰位置，贝意识到陷入了英军包围，不敢恋战，只得一边还击，一边以31节的高速撤退，但还是没能逃出英国军舰的炮火射程，"约克公爵"号战列舰的一发主炮炮弹命中德国军舰的一座前主炮炮塔，炮塔顿时起火，尽管德国军舰上的损管人员奋力抢修，迅速控制了火势，但这座主炮却被摧毁，德国军舰火力因此锐减。德国军舰且战且走，"约克公爵"号战列舰也数次被德国军舰击中，主桅杆也被炸断，但弗雷泽没有丝毫退缩，仍旧猛烈攻击，又一发356毫米炮弹命中"沙恩霍斯特"号战列巡洋舰后甲板，剧烈的爆炸引发了大火，并很快波及上层建筑，熊熊大火使德国军舰在昏暗的海面上成为非常醒目的目标，"约克公爵"号战列舰继续攻击，德国军舰连连中弹，前主炮的排烟装置被毁，炮塔里硝烟弥漫，炮手根本无法操炮；前甲板上的150毫米副炮也多被击毁。锅炉舱中弹，德国军舰航速开始下降，但损管人员和轮机人员拼死抢修，终于修复损伤，航速又逐渐恢复，渐渐与英国军舰拉开了距离。

18时20分，"约克公爵"号战列舰停止了炮击。此时德国军舰上甲板已经遍体鳞伤，上层建筑面目全非，舰员死伤累累，但仍能保持着26节的航速，只需再航行一小时就能回到挪威海岸。

……

★ "贝尔法斯特"号重巡洋舰

英国皇家海军有史以来所建造的吨位最大的一艘巡洋舰。1939

年11月，刚刚服役不久的"贝尔法斯特"号重巡洋舰不幸触上一枚磁性水雷，水雷在舰体前部正下方的发动机舱发生剧烈爆炸，导致所有的机械装置破损，不得不返回造船厂进行大规模维修。1942年10月，经过一系列的现代化改进后，它再次返回一线部队服役，奉命在北极海域执行护航任务。1943年12月它参加了发生在挪威北角海域的北角海战，击毁了德国海军"沙恩霍斯特"号战列巡洋舰。1944年6月6日，"贝尔法斯特"号重巡洋舰参加了诺曼底登陆战役。6月26日，它与其他战舰一道对位于卡昂地区的德军阵地进行猛烈炮击。第二次世界大战结束后，"贝尔法斯特"号重巡洋舰继续在英国皇家海军服役了许久，并于1963年进行了改装，而后转入预备役。1966年，它被确定为一艘指挥舰。1971年，它被作为一个永久的纪念物锚泊在泰晤士河上的西蒙斯码头，接受数以万计的慕名而来的游客们的瞻仰。

4."瞎蝙蝠"折戟北冰洋

也许是上帝保佑英国人，"沙恩霍斯特"号战列巡洋舰已经逃过了几劫，偏偏又遇到了杀星。

18时35分，冷风中忽然传来一个瞭望员的喊声："左舷，两艘敌舰！"它们是英国"索马斯"号驱逐舰和"野人"号驱逐舰，正以30节高速破浪而来。

"沙恩霍斯特"号战列巡洋舰舰尾主炮抢先炮击，左舷副炮也争先恐后，乱打一气。舰桥上，人们的目光一齐转向左舷，就在此时，又一名瞭望员惊叫道："右舷，两艘敌舰！"

贝少将和欣策几步跨到舰桥右侧，放眼望去，右前方大约2海里处，英军"蝎子"号驱逐舰和"斯托尔德"号驱逐舰已切断"沙恩霍斯特"号战列巡洋舰的前进航线。

英国人左右展开，围上来了。

"右满舵！"欣策吼叫着。"沙恩霍斯特"号战列巡洋舰缓慢右转，刚刚掉头向南，"蝎子"号和"斯托尔德"号已转向北进，在2公里距离上驶过"沙恩霍斯特"号战列巡洋舰完全暴露的舷侧。两艘驱逐舰分别发射了8条鱼雷，欣策打满舵，让战舰作大旋转。

两分钟过去了，"沙恩霍斯特"号战列巡洋舰成功地规避了15条鱼雷，但舰桥附近还是被一雷命中。舰体水线下闪出一片强光，一根白色的水柱冲天而起，飞溅的海水卷上甲板，冲刷着已遭破坏的前主炮炮塔。"沙恩霍斯特"号战列巡洋舰不禁猛烈地颤抖起来。

这时，"索马斯"号驱逐舰和"野人"号驱逐舰也冲到"沙恩霍斯特"号战列巡洋舰右舷，冒着猛烈的炮火，一连发射了12条鱼雷。

有3条鱼雷命中目标，分别击中了"沙恩霍斯特"号战列巡洋舰的首部、中部和尾部。冰冷的海水从德国军舰装甲板的十数个破口涌进舱内，将来不及逃走的舰员，毫不留情地淹死。油漆和燃油起火了，将舰体附近的海水烧得滚沸，咝咝作响。舰内照明中断，损管队钻进浓烟滚滚的通道，黑暗中个个束手无策。

主机舱内，海水像瀑布似的直落到格子板上，冲进了底舱，使"沙恩霍斯特"号战列巡洋舰产生倾斜。机舱内启动了应急排水泵，甲板下成吨的海水被抽走，一连20分钟，才控制住首部和尾部的进水。"沙恩霍斯特"号战列巡洋舰此刻的航速只有22节了。

显然，22节太慢了。19时，"约克公爵"号战列舰追上了逃跑的德国军舰，再次用356毫米主炮进行轰击。第一次齐射，就击中了"沙恩霍斯特"号战列巡洋舰。第2次齐射，又撕开了它的尾梢和水上飞机库。上层建筑和下甲板中弹起火，"沙恩霍斯特"号战列巡洋舰成了一座烈火地狱：甲板上，数百名死尸横七竖八，连炮管也尽染血水，挂上了残缺肢体。火苗从钢板中窜出来，整个战舰都被浓烟烈火笼罩着。

贝和欣策决心进行还击，让运弹手将全部280毫米炮弹运到舰尾，供给尾主炮。5海里外，"约克公爵"号战列舰的火炮在闪光。贝意识到自己的末日到了。海水大量涌进内舱，应急泵已经无能为力，航速减至15节。欣策下令销毁全部保密文件，贝向德国海军总司令部拍出了最后一封电报："我舰将战至最后一弹！"

"沙恩霍斯特"号战列巡洋舰航速减至10节。19时11分，贝收到了邓尼茨的回电："潜艇部队和驱逐舰部队正火速赶赴战场。"贝嘴角露出了一丝苦笑，随手扔掉了电文。

"约克公爵"号战列舰的炮火最终将"沙恩霍斯特"号战列巡洋舰的主炮打哑，德国军舰只剩下两三门150毫米副炮，毫无还手之力。炮战不能迅速结束战斗，弗雷泽命令各舰拉开距离，让带有鱼雷的舰只上前完成致命一击。同时，令一艘驱逐舰发射照明弹。

弗雷泽的巡洋舰和驱逐舰向前猛冲，急于发射鱼雷。欣策让一门150毫米炮对准左舷，并对炮手说道："现在全看你的啦！"19时30分，"沙恩霍斯特"号战列巡洋舰向右转向，汹涌的波涛打上甲板，舰体倾斜，使150毫米炮无法开火。舰桥的风挡玻璃被震碎，飞溅的玻璃划伤了欣策的脸颊，他抹掉脸上的血水，望着向空中翻卷升腾的浓烟，无可奈何地打开了扩音器。"全体注意，穿救生衣！"片刻之后，他又补充道："弃舰！"

"沙恩霍斯特"号战列巡洋舰以5节的航速徘徊不前。起初向北，接着又反转向南。几百名官兵爬上了倾斜的主甲板，但更多的人被扭曲变形的舱门、大火和海水堵在舰内，无法逃生。为德国军舰敲响丧钟之后，"约克公爵"号战列舰转向北驶。

3艘巡洋舰和8艘驱逐舰守在近旁，看着"沙恩霍斯特"号战列巡洋舰作垂死挣扎。英国人用机枪一通狂扫，鱼雷管做好了发射准备。"沙恩霍斯特"号战列巡洋舰左舷栏杆浸水，舰首下沉，以3节航速缓缓扭动，将舰上的残块破片、炸坏了的救生筏和一些准备

从一艘英国军舰上拍摄到的"沙恩霍斯特"号爆炸沉没瞬间

逃生的舰员，统统扔进了大海。

火光中，几百名德国兵在北极海寒彻透骨的冰水中挣扎，弹药库爆炸了，在一阵剧烈的摇晃之后，"沙恩霍斯特"号战列巡洋舰舰尾上抬，将螺旋桨高高地拱出了水面。

19时45分，随着飞天残骸和水幕落回海面的响声，"沙恩霍斯特"号战列巡洋舰沉入了大洋深处。

几分钟后，"贝尔法斯特"号重巡洋舰急匆匆地朝团团烟云直扑过去，企图进行最后一击。但是，波涛中只有残片和漂浮的尸体。"诺福克"号重巡洋舰和几艘驱逐舰纷纷赶来，营救落水的德国兵。生存者寥寥无几，"蝎子"号驱逐舰和"无比"号驱逐舰总共只救起了36名冻僵了的水兵。

德国官兵的勇气深深地震撼了弗雷泽中将，这位将军在当天晚上动情地对手下官兵说道："先生们，如果有一天你们被派遣到这样一艘军舰上，参加这么一场实力悬殊的战斗，我希望在场诸君能像'沙恩霍斯特'号战列巡洋舰官兵那样轰轰烈烈地作战！"

几天后，"约克公爵"号战列舰返航英国时，当途经"沙恩霍斯特"号战列巡洋舰沉没的海域时，弗雷泽中将亲率全舰军官及仪

"沙恩霍斯特"号上的幸存者

仗队，列队在甲板上，目送着一个象征缅怀的花环抛入海中。

12月29日，JW--55B船队安全到达苏联科拉湾。

1944年1月1日，RA--55A船队也安全抵达英国埃韦湾，这两支船队均无损失。

英军参战的两支水面舰艇编队则开往苏联，进行修理和休整，于4月4日返回英国。

此次作战，英国海军采取正确的战略战术，情报保障及时得力，各编队之间协同密切，配合默契，技术装备尤其是雷达性能优异，使指挥官准确掌握战场形势，官兵训练有素，在能见度极低的条件下，所进行的机动和编队航行几乎与白昼毫无区别。反观德军，战术上贸然将驱逐舰分散，使战列舰失去了有效的保护，侦察保障不力，对战场情况了解极少，而且雷达性能不理想，最后还在战斗中被毁，使"沙恩霍斯特"号战列巡洋舰成为黑暗中的"瞎蝙蝠"，最终被击沉。

此次海战是第二次世界大战结束前德英海军进行的最后一次大规模海战。随着"沙恩霍斯特"号战列巡洋舰被击沉，北极航线的态势发生了重大转折，北极航线遭受德军大型水面舰艇的威胁已不复存在，此后德军在该海域能够使用的兵力就只有潜艇、驱逐舰等轻型水面舰艇和为数不多的航空兵，大大减低了对同盟国海上运输的威胁。英军得以将"光辉"号航母、"伊丽莎白"号战列舰、"荣誉"号战列巡洋舰等大型军舰调往远东，加入对日作战。因此，

"沙恩霍斯特"号战列巡洋舰的沉没，不但对北极航线产生了直接影响，还对太平洋战场产生了间接影响。

丘吉尔对英国海军的表现相当满意："'沙恩霍斯特'号战列巡洋舰的沉没，不仅消除了我们北极运输船队受到的最大威胁，也使我们本土舰队获得了新的行动自由。我们无需再随时准备防止德国的重型军舰在它们自己选定的时刻突然闯进大西洋。这是令人感到慰藉的一个重要成就。""沙恩霍斯特"号战列巡洋舰沉没之后，从苏联基地起飞的英国轰炸机又摧毁了德国人在北海最后的杀手锏——"提尔皮茨"号战列舰。

盟军诺曼底登陆

1944 年 6 月 6 日，诺曼底登陆开始了，紧接着，法国南部的登陆也在 8 月 15 日揭开了战幕。两支突击大军分别向德国挺进。1945 年春，英、美、法三国从西面，苏联从东面合力进攻德国，德国被打败了。

德国战败的时候，希特勒已经自杀，海军元帅邓尼茨受命成了德国总统。邓尼茨成立了另一新政府，以取代纳粹党政权，企图与盟军和谈，结果遭到拒绝。后来，国际法庭判了邓尼茨 10 年有期徒刑，他直到 1956 年 10 月 1 日才被释放，之后他去了西德一座村子定居，他在晚年创作了 2 部作品。

他的回忆录《10 年和 20 天》，"10 年"指的是邓尼茨作为潜艇指挥官的时间，"20 天"则是他作为总统的日子。书中，邓尼茨将纳粹政权解释为是时代的产物，并且争辩说他不是一个政治家，因此不能在道义上负起纳粹政权的大部分罪行，他也批评专制制度是政府的根本缺陷，并指责专制制度是纳粹许多错误的根源。

邓尼茨的第二本书，《我风云变幻的一生》内容叙述他 1934 年前的事。

邓尼茨完全不后悔在第二次世界大战所做的一切，因为他认为"没有人会尊敬放弃对国家的信念与责任者，无论是大或小的背叛。"1980 年 12 月 24 日，邓尼茨因心脏病去世，时年 89 岁。

★德国水兵回忆 "沙恩霍斯特"号战列巡洋舰的沉没

"沙恩霍斯特"号战列巡洋舰沉没的时候，水手赫尔穆特·巴克豪斯对当时沉没场景有以下描述：我停下动作，在水里抓住了船的轴承，我看见了船的龙骨与螺旋桨，它已经沉没且船尾在不断下沉中。

德国海军士官威廉·戈德回忆：甲板上的一切都显得井然有序，没有任何嘈杂。我看见第一士官沿着护栏治疗了数百人。舰长欣策检查我们的救生服。并再次地与长官贝将军握手道别，他们对我们说："如果你们之中有人生还回到了家乡，告诉他们——我们最终都尽到了责任。"